WEBBOOK

CAMBIARE CAPPELLO SIGNIFICA CAMBIARE IDEE,
AVERE UN'ALTRA VISIONE DEL MONDO.

C.G. Jung

*A mio Padre che mi ha insegnato la forza
della perseveranza e dell'affidabilità.*

*A mia Madre che mi ha insegnato il valore
della parola Amore e la libertà nell'inseguire
i miei sogni.*

*Ai miei figli Alessandro ed Anna, per la vostra
sensibilità e solarità che sono fonte di gioia
ed ispirazione quotidiana.*

*A mia moglie Eva, meravigliosa Compagna di Vita,
che rende tutti i giorni la mia esistenza migliore
di quanto avrei potuto immaginare.*

Dario Flaccovio Editore

Michele Tampieri

FUNNEL MARKETING FORMULA

PROGETTA E SVILUPPA SISTEMI DI VENDITA EFFICACI ONLINE

Prefazione di ***Alfio Bardolla***

MICHELE TAMPIERI
FUNNEL MARKETING FORMULA

ISBN 9788857906140

siti: darioflaccovio.it
webintesta.it
blog: magazine.darioflaccovio.it

Prima edizione: marzo 2017

Tampieri, Michele <1973->

Funnel marketing formula : progetta e sviluppa sistemi di vendita efficaci online /
Michele Tampieri. - Palermo : D. Flaccovio, 2017.
ISBN 978-88-579-0614-0
1. Marketing – Impiego [del] World wide web.
658.8002854678 CDD-23 SBN PAL0296605

CIP - Biblioteca centrale della Regione siciliana "Alberto Bombace"

Stampa: Tipografia Priulla, Palermo, marzo 2017

Indice

Contributori

Alfio Bardolla PREFAZIONE > PAG 13

Autore best-seller su finanza personale, imprenditore, Financial Coach.

Veronica Gentili > PAG 120

Web Marketing & Social Media Specialist. Scrive per condividere, twitta per imparare. Autrice di *Stategie e tattiche di Facebook Marketing per aziende e professionisti.* veronicagentili.com

Alessio Beltrami > PAG 169

Consulente di comunicazione specializzato in Content Marketing. Autore di *Come Vendere con il Blog Aziendale.* Dal 2010 aiuta le aziende a generare nuovi clienti senza investire in pubblicità. blogaziendali.com

Alessandro Bentivoglio > PAG 224

Funnel di Marketing & ClickFunnels Certified Partner. Consulente e formatore di Web e Marketing Online per Aziende, Professionisti e Startup, con oltre 15 anni di esperienza nel settore IT. È il primo (e al momento unico) consulente italiano ad aver ricevuto la certificazione presso l'accademia americana di Russell Brunson n. 1 al mondo sui funnel di marketing.

Mirko Saini > PAG 234

LinkedIn Trainer. Aiuta le aziende a trovare nuovi contatti e opportunità di business con LinkedIn e il socialselling.

Ringraziamenti

A Eva, meravigliosa Compagna di Vita.

Ad Alessandro Bentivoglio, miglior compagno per affrontare questo "Viaggio" era impossibile trovare.

A Valentina Cavina, per il grande aiuto in questo libro, ma anche per il tuo preziosissimo lavoro quotidiano.

A Ste, Cri e Pana, per tutto ciò che ho imparato e imparo tuttora.

A Simone e Luca, per aver avuto la pazienza di leggere questo libro e la sincerità nei commenti.

A Veronica Gentili, Mirko Saini e Alessio Beltrami, per i preziosi commenti apportati in questo libro e il tempo dedicatomi.

Ad Alfio Bardolla per la prefazione del libro e i preziosi insegnamenti.

A Giulio Montis per il grande supporto fornito.

Ai miei formatori americani, primi fra tutti Russell Brunson e Tod Brown.

Alla Dario Flaccovio Editore che mi ha permesso di condividere, in modo super professionale, esperienze, studi e passioni sul marketing.

A tutti i partner, clienti e colleghi che hanno fatto (e fanno) parte del lavoro di Lead Generation Italia Srl.

Infine a tutti coloro che in qualche modo hanno fatto parte di questo libro.

Prefazione

di Alfio Bardolla

La parola Funnel, per la maggior parte di imprenditori o professionisti, potrebbe non dir nulla, eppure, per la maggior parte delle aziende e imprese che si promuovono online in modo professionale, il funnel è l'elemento fondamentale del processo di marketing.
Quando Michele mi ha chiesto di scrivere la prefazione per il suo libro, ho accettato volentieri per due motivi.
Il primo motivo è per la soddisfazione nel vedere l'ennesimo caso di successo di uno dei miei quasi 40.000 corsisti, nell'aver messo in pratica i miei insegnamenti e nell'essere diventato un imprenditore vero.
Come tanti altri, Michele ha seguito un processo di crescita iniziato con il mio primo libro *I Soldi Fanno la Felicità*, passando dal Wake Up Call, e poi da corsi specifici, arrivando a diventare un Business Partner.
Il secondo motivo è che i preziosissimi contenuti che troverai in

questo libro sono l'anticipazione di ciò che sarà il prossimo futuro di un qualsiasi imprenditore e professionista che vorrà creare un processo di marketing online efficace per vendere o fare lead generation.
In un mercato dove la competizione è sempre maggiore e dove i costi pubblicitari sono sempre più alti, diventa vitale affinare le tecniche e migliorare le strategie per ottimizzare gli investimenti pubblicitari in modo da ottenere un ROI (ritorno sull'investimento) positivo.
Il funnel è proprio questo!
È il sistema di marketing che sta alla base delle aziende e che io stesso utilizzo per le mie imprese.
Michele è riuscito a comunicare in modo efficace i concetti legati ai funnel di marketing e come dovresti applicarli al tuo business.
Se c'è un libro di marketing che non può mancare nella biblioteca di un imprenditore, professionista o marketer... questo è uno di quelli.

1. Concetti base

«Non è la più forte delle specie che sopravvive, né la più intelligente, ma quella più reattiva ai cambiamenti».

Charles Darwin

Ciao, mi chiamo Michele Tampieri.

Prima di iniziare ad introdurre chi sono, vorrei dirti cosa tratta questo libro e, cosa più importante, di cosa NON tratta questo libro.

Questo libro NON si occupa di come portare più traffico verso il tuo sito, MA di apprendere il "sistema" che ti aiuterà a capire come generare traffico in modo esponenziale, probabilmente come mai hai fatto prima.

Questo libro NON insegnerà trucchi o tecniche per convertire meglio MA lo schema indispensabile per aumentare le conversione PIÙ di ogni *headline* studiata o test A/B mai fatto.

Il **WEB MARKETING** essenzialmente è composto da sole **3 FASI** e nella semplicità di questo sistema risiede il successo di ogni business che si promuove online.

TRAFFICO → CONVERSIONE → ECONOMIA

TRAFFICO è tutto ciò che porta visite verso le tue pagine web, sito, blog, pagine social, ecc.

CONVERSIONE è la macchina/sistema che trasforma i visitatori in ciò che è l'obiettivo della strategia, generalmente acquisire nuovi clienti oppure vendere prodotti o servizi.

ECONOMIA è il risultato delle due fasi precedenti con il reinvestimento o il settaggio della strategia.

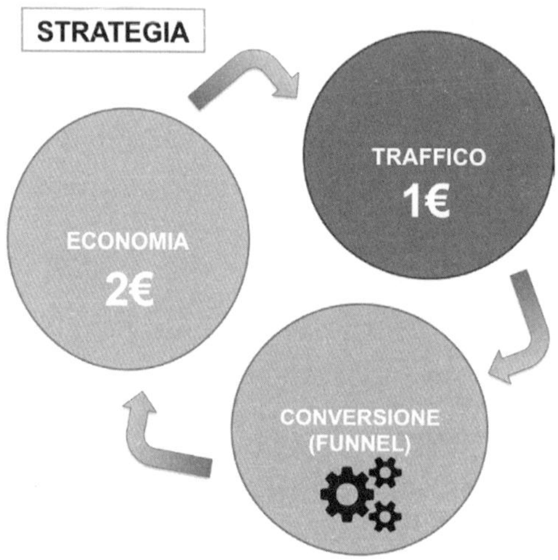

Le 3 fasi del web marketing

Lasciando stare i tanti paroloni e concetti che si usano nel marketing online, il successo di una strategia si misura nel momento in cui il **TUO SISTEMA** *trasforma 1€ investito in traffico, in 1€ + Y* (esempio 2€).

Punto. Tutto il resto è fuffa!

Creare un sistema che porti questi risultati significa aver creato un *business profittevole* e *sostenibile.*

Se al momento hai difficoltà a generare traffico verso il tuo sito, o a convertirlo in *lead* (contatti) o vendite, probabilmente stai pensando che il problema sia il traffico o la conversione, ma dalla mia esperienza, lavorando e formando centinaia di imprenditori e professionisti, posso dirti che *raramente il problema è questo.* Basso traffico e scarsa conversione sono spesso il sintomo di un **problema più grande** che spesso è difficile da vedere (questa è la cattiva notizia), ma molto più facile da poter aggiustare (questa è la buona notizia).

Quando le persone ci contattano (ho una società di consulenza, formazione & sviluppo che si chiama *Lead Generation Italia*), nella maggior parte dei casi lo fanno perché:

1. devono *lanciare un proprio business online*, ma non hanno idea da dove iniziare
2. hanno già un business e hanno provato a fare qualche campagna pubblicitaria con Facebook o Adwords, ma *non ottengono risultati*
3. ottengono già risultati ma *non sanno più come poter crescere.*

Non ottenere risultati significa non acquisire nuovi clienti dal web o non riuscire a vendere i propri prodotti/servizi online... e nella maggior parte dei casi il problema NON è il *sito, la pagina social, la pubblicità con Facebook, la campagna in Google Adwords, il cliente difficile, il posizionamento SEO, ecc.* ma è la mancanza di un **FUNNEL!**

Nel momento in cui crei e sviluppi un FUNNEL di marketing (sistema) che ti permetta di avere un ritorno positivo o in pareggio sull'investimento (ROI) del budget speso in traffico, non avrai PIÙ problemi nello spendere più soldi in traffico e acquisire sempre più clienti e aumentare le vendite.

Questo libro parlerà di questo.

«Ci sono alcune cose delle quali non devi conoscere il funzionamento – ma solo il fatto che funzionano. Mentre alcune persone studiano le radici, altre raccolgono i frutti. Dipende solo da quale parte vuoi metterti».

Jim Rohn

1.1. Chi sono e perché dovresti ascoltarmi

Premetto che mi sento più un imprenditore che un consulente dato che ho sviluppato e lanciato diversi business di mia proprietà basati sul marketing online, quindi conosco abbastanza bene la mentalità dell'"Ho poco tempo da perdere e ho necessità di avere risultati nel più breve tempo possibile".

Ho avuto però anche il grande privilegio di lavorare con decine e decine di imprenditori, professionisti e startupper in oltre 20 mercati diversi come quello della formazione, eventi, turismo, marketing, vendita di servizi, vendita di prodotti, info-prodotti e promozione di attività offline... e molto spesso i problemi comuni che ho riscontrato sono 3:

1. **NON AVERE UN SISTEMA** per acquisire più clienti ed aumentare le vendite
2. **NON FAR PERCEPIRE IL VALORE** dei propri prodotti e servizi in modo efficace e differenziante (...e cadere quindi nella guerra dei prezzi)
3. **PERDERE TEMPO** *(e soldi)* in inutili strategie per generare clienti o vendite.

Dato che il problema era sempre più frequente, sia per le mie attività che per quelle dei clienti, decisi di studiare sul mercato americano e, dopo vari passaggi, incappai per caso nei FUNNEL

DI MARKETING, venendo a conoscenza di un ragazzo che guadagnava *17.000$ al giorno con* **UN SOLO** *funnel*!

Questo ragazzo raccontava che i siti sono già il "passato" e che se si vogliono ottenere risultati nel web in termini di *lead generation* (acquisizione di contatti commerciali), *branding* e vendita, l'unico modo è quello di focalizzarsi su 3 aspetti:

1. *sviluppare un funnel che porti a break even point* (punto di pareggio tra entrate e costi) il più presto possibile
2. portare i tuoi clienti ad *acquistare più volte e con cifre sempre maggiori*
3. sviluppare *diversi tipi di funnel* in base alla fase in cui si trova il tuo potenziale cliente.

Non ti nego che all'inizio ero un po' confuso dato che l'unica idea che mi ero fatto in Italia sui "FUNNEL" era quella di imbuti colorati che mostravano i vari passaggi che compie un utente per diventare cliente.

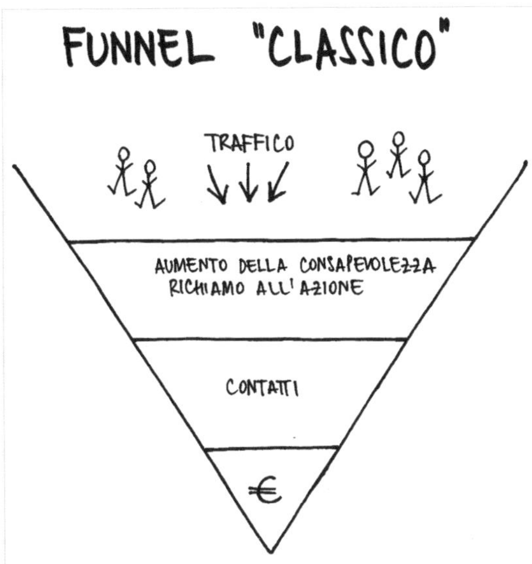

Questo ragazzo invece non parlava di un UNICO imbuto colorato, ma di DIVERSI schemi precisi e variabili in base agli obiettivi del business.

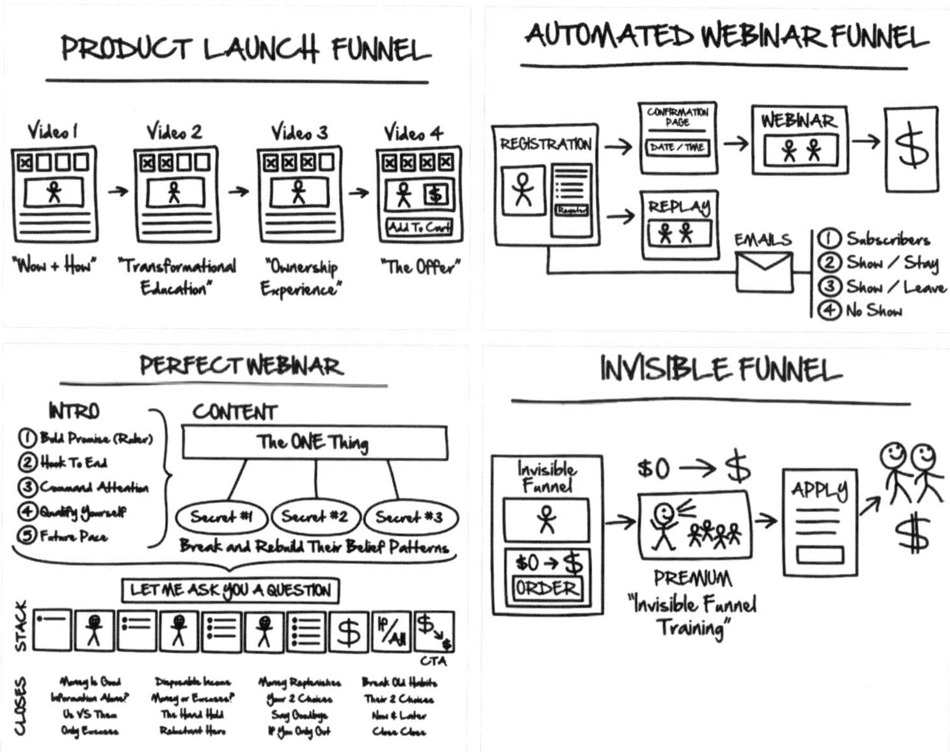

Vari tipi di funnel
(fonte: Brunson, *Dotcom Secrets*, Morgan James Publishing, 2015)

Il concetto era piuttosto nuovo per me, pertanto decisi di studiarlo con attenzione e replicare le sue metodologie per qualche prodotto che volevo vendere in Italia.
Decisi quindi di testare uno dei suoi funnel per il lancio del mio primo infoprodotto (*Personal Branding Vincente*)...

Funnel per lancio di infoprodotto Personal Branding Vincente

...e i risultati furono interessanti!
Diffondendo il corso sulla lista che avevo creato con il mio Video Blog www.BusinessTRIBE.it e investendo appena 62,13 € in pubblicità con Facebook Ads, ottenni *vendite per un totale di 7.100€.*

Campagna	Pubblicazione	Results	Copertura	Costo	Importo speso	Fine
Personal Branding - Business	Non attiva	108 Clic sul link	23.077	€ 0,21 Per clic sul link	€ 22,18	21 febbraio 2015
Personal Branding - Network Marketing	Non attiva	81 Clic sul link	4231	€ 0,27 Per clic sul link	€ 21,65	21 febbraio 2015
Personal Branding - Marketing	Non attiva	70 Clic sul link	11.313	€ 0,26 Per clic sul link	€ 18,30	21 febbraio 2015
Risultati di 3 campagne		259 Clic sul link	37.205 Persone	€ 0,24 Per clic sul link	€ 62,13 Spesa totale	

Screenshot di una campagna Facebook

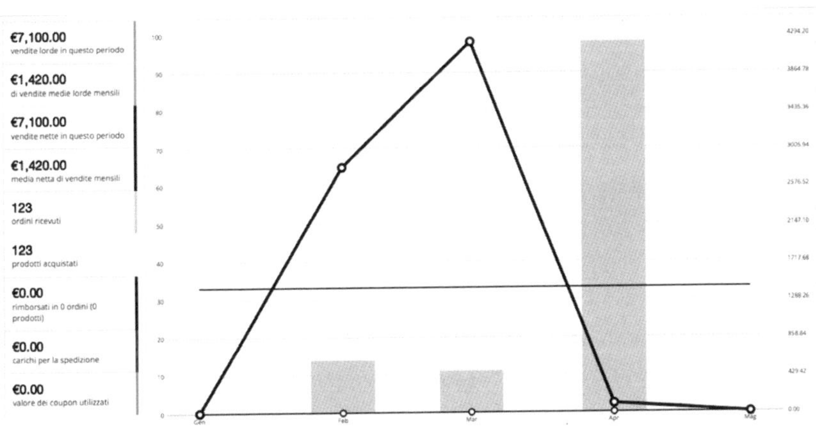

Screenshot del backoffice di Personal Branding Vincente

Se hai esperienza in lanci di infoprodotti, sai bene che raggiungere il profitto al primo tentativo è già un super successo, perché la *maggior parte di chi investe soldi online per la vendita di un corso perde soldi!*

Decisi allora di provare un'altra tipologia di funnel per un settore differente e lo testai per uno **STUDIO PILATES**...

Funnel per Studio Pilates

...ed anche in questo caso i risultati furono interessanti dato che per il lancio della settimana di prova, investendo 45,05€ in Facebook, raggiungemmo il *sold out* dei posti disponibili in sette giorni, un marketing del passaparola positivo con il sito schizzato in prima pagina e 9 tesseramenti trimestrali venduti per un valore di 1.206€.

Decisi quindi di testare un'ulteriore tipologia di funnel con l'obiettivo di valorizzare e differenziare la vendita di mascotte (uno dei miei negozi online: www.mascotte-costumi.com).

Funnel per vendita Mascotte

...e anche in questo caso i risultati furono interessanti dato che, a paragone con l'anno precedente, le vendite migliorarono del 210%! Stesso negozio, stessi prodotti... migliori risultati!

SET - DIC 2014	SET - DIC 2015
• 12 Vendite	• 32 Vendite
• Entrata Tot: 24.980	• Entrata Tot: 52.546

Comparazione risultati e-commerce Mascotte

Sulla base di questi test, io ed **ALESSANDRO BENTIVOGLIO** (socio di business per la formazione e sviluppo dei funnel) diventammo sempre più ossessionati nell'apprendere e testare tutto ciò che imparavamo.

Partecipammo a corsi, webinar, eventi live di questo "ragazzo" (**RUSSELL BRUNSON** – fondatore di ClickFunnels e considerato il n. 1 al mondo per ciò che concerne i funnel) investendo decine di migliaia di euro in formazione, viaggi negli Stati Uniti e conseguendo (primi in Italia) la certificazione sui funnel come *ClickFunnels Consultant Certified Program.*

Io e Alessandro Bentivoglio con Russell Brunson durante il ClickFunnels Consultant Certified Program

Esempi di inizio funnel per diversi prodotti e servizi realizzati nel 2016

Nell'arco di un anno e con il supporto di uno splendido team, abbiamo sviluppato un business basato sulla formazione e sviluppo di un NUOVO MODO di fare web marketing utilizzando i FUNNEL DI MARKETING.

Abbiamo *formato più di 300 persone* con i nostri corsi online. Abbiamo organizzato il *1° evento in Italia sui funnel di marketing* (*Funnel Marketing LIVE*), ma soprattutto abbiamo lavorato fianco a fianco a decine di imprenditori, professionisti e startupper per lo sviluppo del loro business, realizzando, *solo nel 2016, più di 120 funnel in 20 mercati e settori diversi* (uno ogni 3 giorni!).

Nel settembre 2016 a Boise (USA), abbiamo partecipato e *vinto il premio come "Best Funnel Strategy"* sviluppando una strategia di 5 funnel connessi che verrà utilizzata da una grossa società di *media marketing* di New York che ha previsto un budget da 600.000$ in pubblicità.

Michele Tampieri e Alessandro Bentivoglio durante la presentazione della strategia vincente presso Boise (USA) nel settembre 2016

Qui puoi vedere il video della premiazione:

FunnelMarketingFormula.it/risorse

Piccolo aneddoto: da noi si viene premiati con coppe o prosciutti, **negli USA con i dollari... cash!!**

Michele Tampieri e Alessandro Bentivoglio con il premio vinto come "Best Funnel Strategy" presso Boise (USA) nel settembre 2016

In definitiva, quello che voglio dirti è che i **FUNNEL FUNZIONANO!** Ma...

NON VOGLIO ILLUDERE NESSUNO!

Primo, perché per realizzare funnel efficaci occorre più tempo, impegno ed esperienza di quello che si lascia intendere in Italia. Secondo perché **I FUNNEL NON FANNO MIRACOLI!**

Sono lo strumento più moderno ed efficace per comunicare, ma se non hai un messaggio e posizionamento efficace oppure un'offerta o prodotto valido... il funnel non ti salverà!
Quello che però posso assicurarti è che in questo libro troverai schemi, idee, strategie che ti saranno UTILI per il TUO business. Indipendentemente da chi sei e cosa fai, troverai spunti per affrontare i tre problemi principali di chi "fa" business e capirai come:

1. **AVERE UN SISTEMA PER ACQUISIRE PIÙ CLIENTI E AUMENTARE LE VENDITE**
2. **FAR PERCEPIRE IL VALORE** dei propri prodotti e servizi in modo efficace e differenziante (e uscire, quindi, dalla guerra dei prezzi)

3. **EVITARE DI PERDERE TEMPO** (e soldi), in inutili strategie di marketing per generare clienti o vendite automatizzando il 60-70% dei processi.

1.2. Per chi è adatto questo libro?

«Le persone agirebbero meglio se sapessero di più».

Jim Rohn

Questo libro è ispirato dalle esperienze dirette e dalla formazione che ho ricevuto da Russell Brunson ed è utile sia per chi ha (o non ha) un business.

SE HAI GIÀ UN BUSINESS conosci già le difficoltà che ci sono nell'ottenere risultati con il marketing online e con queste informazioni potrai aggiustare la mira e testare strategie diverse rispetto a ciò che hai sempre fatto.

SE NON HAI UN BUSINESS avrai la possibilità di progettare da zero strategie vincenti senza dover spendere montagne di soldi e tempo in marketing senza risultati.

Le persone alle quali ho pensato nella realizzazione di questo libro sono principalmente di 3 tipi.

La prima categoria comprende imprenditori, professionisti e startupper che hanno il desiderio di acquisire nuove competenze per poter essere in grado di progettare e sviluppare il proprio business.
Molto probabilmente hanno già "provato" a fare qualche campagna online con Facebook o Google Adwords... e molto probabilmente non hanno avuto grandi risultati.
Se ti trovi in questa categoria, leggendo questo libro, capirai gli errori che hai commesso o che la tua web company o consulente di fiducia ti hanno fatto commettere nel sviluppare il classico

"sito vetrina", magari bello come sito ma poco orientato ad obiettivi di marketing.

La seconda categoria è quella dei marketer.
Essendo un imprenditore appassionato di marketing, ne faccio parte in prima persona e penso di conoscerla abbastanza bene... e ciò che ti posso dire è che fare il marketer è DURA!
Se fai parte di questo mondo sai che esiste SOLO una parola che fa la differenza tra un bravo marketer e uno mediocre... ed è la parola: RISULTATO.

Puoi comunicare tutto quello che vuoi al tuo capo, socio, cliente o amico.
Puoi dire che sei il primo in quella categoria o più esperto di X e Y.
Puoi utilizzare tutti i paroloni tecnici che vuoi ma se alla fine non porti risultati (alla tua attività o a chi si è affidato a te!), hai poco da cantare!

Spesso il problema non è solo del marketing, ma di tanti altri aspetti legati al tuo business o a quello del tuo cliente.
Se rimarrai con me, ti mostrerò ciò che ho appreso dai migliori marketer al mondo in merito ai funnel.
Ti mostrerò come progettarli, svilupparli, come scegliere il funnel più corretto da adottare e quale unico strumento utilizzare per fare tutto ciò.

Infine vi è una *terza tipologia di persone* a cui è dedicato questo libro, ed è quella fetta di pubblico che *non è alla ricerca di un lavoro ma che se lo vuole creare da solo* cogliendo una delle più grandi opportunità che è stata regalata alla nostra generazioni: Internet!
Sono tutte quelle persone che sono alla ricerca di un nuovo modo per ottenere una seconda fonte di reddito o cercano semplicemente la libertà di poter fare un lavoro che amano, dove vogliono, con chi vogliono e come vogliono.

1.3. Quali differenze dagli altri libri?

«I muri sono lì per fermare le persone
che non hanno abbastanza voglia di superarli.

Randy Pausch

«Devi essere affamato di conoscenza come Pac-Man perché non sai quale pezzo
di conoscenza può trasformare la tua vita».

Brian Tracy

Ci sono 4 motivi per cui questo libro è differente dagli altri:

1. CONCETTI EVERGREEN: ARGOMENTI SEMPRE VALIDI, RISPETTO ALLA DINAMICITÀ DEL WEB

Se hai già provato a far crescere la tua attività con il web marketing, probabilmente hai già acquistato altri libri e corsi basati su sistemi che funzionavano molto bene nel momento in cui venivano scritti ma che erano già "vecchi" quando arrivavano sul mercato.
Pensa solo al cambio di algoritmo di Google, oppure alla super dinamicità di Facebook Ads.
Questo libro, invece, contiene concetti *evergreen* (ovvero *sempreverdi*) che trattano sistemi, approcci e strategie che funzionano già da anni e che funzioneranno ancora per diversi anni, indipendentemente dai cambiamenti tecnologici.

2. QUELLO CHE SCRIVO È CIÒ CHE FACCIAMO NELLA REALTÀ

Se fai ricerche nel web sul marketing online, trovi tante di quelle informazioni da aver l'imbarazzo della scelta, ma attento a ciò che trovi!
Molte di queste sono scritte per creare e posizionare il proprio contenuto in Google, spesso scopiazzato da articoli di altri o tradotti da qualche fonte americana.
Io li chiamo gli articoli "fuffa", dove trovi tanto testo ma pochissime info di valore.

Come riconosco un articolo "fuffa" sui funnel di marketing? Semplice! Dal fatto che dice le solite cose in merito ai funnel, ti mostra un cono colorato e non ti fornisce esempi ed elementi concreti.
Quello che troverai in questo libro è ciò che deriva dalla PRATICA e dall'ESPERIENZA nell'aver progettato e sviluppato oltre 100 funnel in diversi mercati.
Ciò che trovi qui, è ciò che realmente insegniamo in formazione o in fase di consulenza aziendale e questo non è un dettaglio da poco, visto che potrai risparmiare le decine di errori che abbiamo già commesso noi in termini di tempo e soldi.

«L'esperto è una persona che ha fatto in un campo molto ristretto tutti i possibili errori».
Niels Bohr

3. STRATEGIA FRANKENSTEIN E OVERLOAD DI INFORMAZIONI

Uno degli errori più comuni in cui cadono le persone che vogliono creare un business online o utilizzare il web come strumento di marketing è l'*effetto* **STRATEGIA FRANKENSTEIN.**

L'*effetto strategia Frankenstein* avviene quando si fanno diverse ricerche nel web per capire quale sia la strategia giusta per il proprio business per poi copiare, adattare e incollare le DIVERSE strategie trovate, creando una accozzaglia di belle idee prese un po' da uno e po' dall'altro.
A me è capitato diverse volte ma nella maggior parte dei casi mi ha fatto perdere tempo e soldi.

L'effetto **OVERLOAD DI INFORMAZIONI** è facilmente intuibile e sono sicuro sia capitato anche a te di perderti nel mare di informazioni che hai trovato in internet, rimanendo confuso e paralizzato dal non sapere più cosa fare!

In questo libro avrai una traccia precisa che ti porterà, passo dopo passo, a progettare e creare la TUA strategia, senza dover re-inventare la ruota e perderti nella marea di informazioni trovate nel web.

4. IMMAGINI DI RICHIAMO

Personalmente leggo e studio 10-15 libri all'anno su temi di marketing e, come la maggior parte delle persone, mi dimentico di alcuni aspetti fondamentali con il passare del tempo.

Per risolvere questo problema ho adottato due metodi:

1. sottolineo le parti che mi interessano in modo che in futuro possa trovare immediatamente quello che cerco
2. faccio schemi e fotografie dei concetti fondamentali da utilizzarli come *remainder* del processo.

Il mio ufficio è pieno di schemi e disegni che alla vista di un esterno potrebbero essere geroglifici ma che a me dicono tanto.
Per questo motivo ho cercato di creare immagini di richiamo in modo che potrai anche tu ritrovare in esse i processi che rappresentano.
A questo link: *FunnelMarketingFormula.it/risorse*, potrai scaricare diverse grafiche di questo libro.

Ultimo suggerimento che mi sento di dare è di leggere l'intero libro, dall'inizio alla fine in modo da avere la prima *overview* generale e fare tuoi i concetti del "mondo funnel".
Un volta che hai tutto il processo in mente, potrai entrare nei dettagli di ogni fase e adattarla al tuo business nel modo più specifico.

2. Presenza online vs sistema di marketing

«Il marketing consiste nell'individuazione e nel soddisfacimento dei bisogni umani e sociali».

Philip Kotler

2.1. Concetti comuni del business e del marketing

Uno dei grandi fraintendimenti che mi capita di riscontrare quando parlo con colleghi o altri imprenditori è quello di pensare che **MARKETING** e **VENDITA** siano la stessa cosa.

Marketing ⇏ Vendita

Nella realtà il marketing e la vendita sono due fasi collegate, MA differenti come progettazione, sviluppo e obiettivi, specialmente ora che *il web che ha cambiato radicalmente le regole del gioco* per diversi fattori:

VELOCITÀ DI COMUNICAZIONE

Non è mai stato così facile e veloce comunicare con il tuo mercato. In pochi minuti puoi metterti in contatto con tua lista di persone via email o messaggio in WhatsApp e ricevere una risposta o un'azione in tempi brevissimi.
Il cellulare, la connessione veloce e la mail a portata di mano ti permettono di comunicare in modo (praticamente!) immediato con i tuoi clienti o potenziali clienti.
Qualche anno fa i tempi di realizzazione, produzione e risposta del pubblico venivano misurati in settimane, se non in mesi.
Ora, con il web marketing, lo puoi fare in giorni.

COSTO DELLA COMUNICAZIONE

Il costo per inviare una email, pubblicare un post blog nei tuoi social o comunicare con un video è estremamente basso.
Le barriere di accesso alla comunicazione (e marketing) si sono ridotte notevolmente.
Ciò che prima era riservato alle aziende con grandi budget ora è alla portata di tutti.
Chiunque può pubblicare, scrivere post, diffondere, girare un video e pubblicarlo.
Ora la guerra tra Davide contro Golia è molto più paritaria.

ANALISI DEI RISULTATI

Nel nuovo marketing online hai tutte le misure di tracciabilità per capire cosa funziona e cosa no.
Puoi lanciare una campagna a poche centinaia di euro e cambiare la strategia in corsa in pochissimo tempo.
Puoi testare in pochi giorni quale sia il messaggio più efficace per la vendita del tuo prodotto/servizio.
Puoi cambiare, tagliare e modificare il tuo funnel, video, campagna in pochissimo tempo.

CONVERSAZIONE CON GLI UTENTI

I social hanno cambiato le regole della comunicazione.

Le persone non sono più interessate a chi comunica alla vecchia maniera "*Compra la mia roba, compra la mia roba*" ma sono più orientate alla ricerca e valutazione del proprio acquisto sulla base di un passaparola sociale o la referenza vista da qualcuno. Nel nuovo modo di comunicare con i blog e i social, lo scambio è più conversazionale e di creazione community.

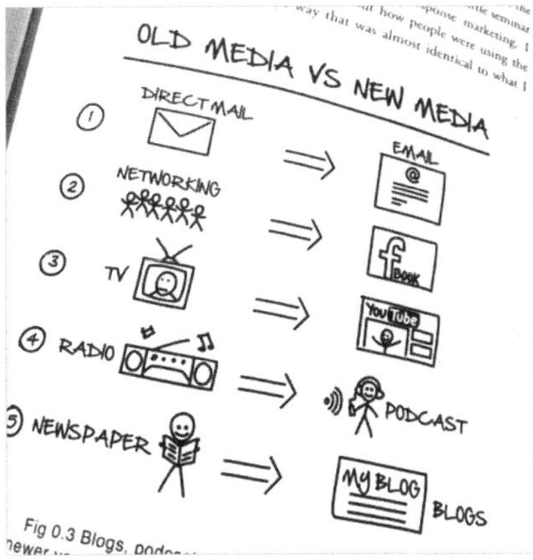

Old media vs new media (fonte: Brunson, *Dotcom Secrets*, Morgan James Publishing, 2015)

Ora la gente, PRIMA di acquistare, si informa in modo autonomo:

- fa ricerche
- cerca di capire se il prodotto è adatto al suo problema/necessità
- paragona i prezzi, servizi, prodotti, ecc.
- verifica cosa dicono gli altri del prodotto o dell'azienda
- ecc.

Rispetto a qualche anno fa tutto ciò che fai **PRIMA** *della vendita è diventato fondamentale:*

- più dell'80% dei clienti ritiene inaccettabili le offerte o le azioni di marketing, telemarketing da parte di aziende che non conoscono
- l'80% dei clienti reputa l'acquisto come condizione sufficiente per poter ricevere nuove offerte
- il 65% dei clienti decide da chi acquistare PRIMA di entrare in contatto con il venditore.

2.2. Marketing 75%-Vendita 25%

«Il segreto è che – oggi più che mai – sono più importanti le cose che fai prima di entrare in contatto con il cliente, che ciò che fai DURANTE la trattativa».

Frank Merenda

Per tutti questi motivi *il marketing è diventato ora il 75% del processo* (rispetto alla vendita che è il 25%), perché ha lo scopo di:

- **ATTIRARE I CLIENTI E LA LORO ATTENZIONE**
- **COMUNICARE IN MODO EFFICACE** il tuo prodotto/servizio in modo tale da essere valorizzato, capito e scelto.

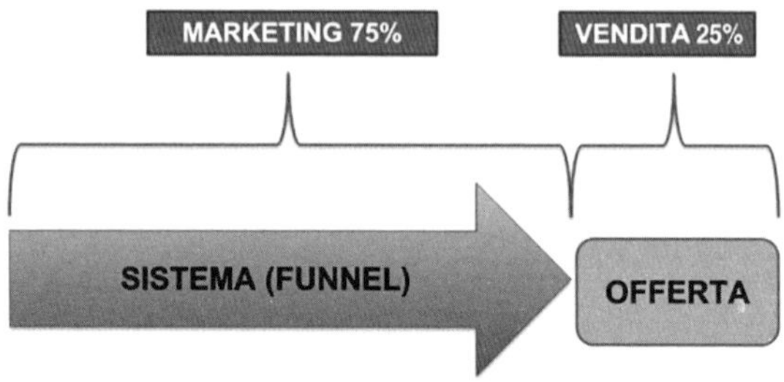

I processi di marketing e di vendita rappresentati graficamente in percentuale

AVERE UN SISTEMA DI MARKETING
È FONDAMENTALE PER QUALSIASI ATTIVITÀ

«La regola aurea del marketing: proponetevi ai vostri clienti così come vorreste che si proponessero a voi».

Philip Kotler

Il problema è che la stragrande maggioranza di imprenditori e professionisti **NON ha un sistema di marketing** per vendere o fare *lead generation* (richieste di contatto).
La stragrande maggioranza di aziende, attività e business ha il sito o la "sola" presenza online.

Forse hanno fatto pubblicità (probabilmente con Facebook Ads o Google adws) ma non marketing!

Spesso le attività che utilizzano il web come canale di comunicazione:

- non hanno un piano
- non hanno un posizionamento definito
- non hanno una strategia
- non hanno la lista
- non hanno automazioni
- non hanno un messaggio efficace
- non generano contatti o vendite.

Se il tuo obiettivo è "solo" essere *presente online*, allora è sufficiente avere un bel sito, una pagina sui canali social e poco più.

Ma...
Se il tuo obiettivo è quello di utilizzare il web come canale di marketing per vendere ed acquisire clienti, *la "sola" presenza online non è più sufficiente*, dato che le persone comprano se:

1. *ti trovano e catturi la loro attenzione*
2. *capiscono il valore del tuo prodotto/servizio.*

Se non ti trovano o non catturi la loro attenzione con un messaggio efficace, nessuno verrà da te o "entrerà" nel tuo sito/funnel/negozio. Se ti trovano e catturi la loro attenzione, ma non sei capace di comunicare con efficacia il valore del tuo prodotto o servizio, allora verrai paragonato per il prezzo (ed entrare nella "guerra del prezzo" è un pessimo campo in cui operare!).

Quello che serve è un **EFFICACE SISTEMA DI MARKETING** che educhi e comunichi, in modo da facilitare le vendite dei tuoi prodotti e servizi.

«Gli elementi sono semplici e le questioni dovrebbero essere il più possibile ridotte a quella semplicità, e non di più».

Albert Einstein

2.3. Il web marketing come sistema di marketing

Capire l'importanza di avere un SISTEMA rispetto alla sola PRESENZA è già un gran passo!

In occasione dell'ultima visita che ho fatto negli USA per un corso di formazione, era incredibile come imprenditori e consulenti non parlassero più di sito web o pagine social, ma come doveva essere il loro funnel di marketing per vendere i prodotti o servizi. Ovviamente si analizzavano anche il sito web e le pagine social ma questi erano visti come elementi del funnel di marketing, non come la cosa più importante.

Se è vero che la maggior parte di imprenditori e professionisti ha la sola presenza online, è anche vero che il web marketing è il modo più efficace per mettere in pratica un sistema di marketing misurabile e quindi ottimizzabile.

Vediamo a questo punto come progettare e sviluppare un sistema attraverso il web marketing.

Come abbiamo accennato nell'introduzione di questo libro, una strategia di web marketing è composta sostanzialmente da 3 fasi.

1. **TRAFFICO**
2. **CONVERSIONE**
3. **ECONOMIA**.

Le 3 fasi di una strategia di marketing

2.3.1. Traffico

Il traffico è tutto ciò che porta visite al tuo sito, pagina, funnel, video, ecc. per far trovare-proporre-comunicare il tuo prodotto/servizio a un determinato target.

No traffico = No risultati

Vi è però una cosa molto interessante da dire: **NON È MAI STATO COSÌ FACILE GENERARE TRAFFICO COME ORA!**

Sì, esatto!
Rispetto a solo qualche anno fa, quando generare traffico era davvero complicato, ora si va al *mercato del traffico* e lo si compra!

Il mercato del traffico è composto da tutte quelle fonti di traffico a pagamento come ad esempio:

- Facebook Ads
- Google Adwords
- YouTube Ads
- LinkedIn
- Twitter.

Ma non solo!
Potresti fare campagne **DEM** *(Direct Email Marketing)* in affitto per lanciare una proposta via mail ad un target preciso oppure decidere di utilizzare tante altre strategie.
Questo si chiama **TRAFFICO CONTROLLATO**, ovvero quel traffico di cui tu hai potere decisionale: sei tu che decidi il budget, quando far partire la campagna, quando farla finire, dove direzionarla, verso chi, su che canale, ecc.
Insomma, ora **IL TRAFFICO NON È UN PROBLEMA!**

Tratteremo nel dettaglio il traffico e come gestirlo nella parte inerente alle 9 fasi per la costruzione di un funnel di marketing nel capitolo 5 dove tratteremo il segreto n. 2.

Quello che mi preme che tu capisca è che ora il traffico non è un problema.
Quello che invece **FA LA DIFFERENZA** in un sistema di marketing è il secondo step del processo, ovvero la **CONVERSIONE**!

2.3.2. Conversione

Conversione è la fase nella quale il sistema che hai progettato e creato raggiunge in percentuale il numero di azioni che volevi fossero compiute dal tuo utente.
Un'azione di marketing online (conversione) potrebbe essere:

- raccolta email (list building)
- visione di un video
- atterraggio su una determinata pagina
- vendita online di un prodotto/servizio
- ricezione di dati da persone interessate attraverso un form
- ricezione di un feedback
- ecc.

Le "conversioni" sono varie e rappresentano la fase più delicata della strategia di web marketing, perché *sono l'aspetto che più influisce sui* **RISULTATI** *della tua strategia.*
Facciamo un esempio molto semplice: immagina di costruire una macchina automatica, tipo quelle che trovi alla stazione dei treni per acquistare merendine e caffè.
Immagina di inserire 1 euro e ne esce 1 euro e 50 centesimi.
Cosa faresti?
Molto probabilmente staresti tutto il giorno a inserire 1 euro per ottenere i 50 centesimi... giusto?!?
Bene! Questo è quello che succede quando focalizzi la tua attenzione sulla parte di conversione.

In questa fase il tuo unico scopo è di ottimizzare al meglio ogni singolo euro di investimento per arrivare il più presto possibile al

BREAK EVEN POINT (arrivare in pareggio tra costi ed entrate), avere quindi clienti a costo zero e successivamente aumentare sempre più il tuo **RITORNO SULL'INVESTIMENTO (ROI)** con maggiori profitti.

Immagina uno scenario diverso, ovvero che inserisci 1 euro nella macchina automatica, ma ti tornano 50 centesimi.
Beh, forse cerchi di regolare il sistema, avviti meglio qualche vite, dai un po' di olio agli ingranaggi, oppure rivedi lo schema A/R da cui è composta la macchina... di sicuro cerchi di ottimizzare la macchina, perché il risultato che hai ottenuto non è positivo.
Una volta aggiustata, re-inserisci il tuo euro e ti tornano 60 centesimi.
Ok, meglio ma non ci siamo ancora!
Quindi modifichi altri aspetti della macchina fin quando se inserisci 1€ ti torna (almeno!) 1€.

Se questo non dovesse accadere, è normale che, dopo vari tentativi, smetti di inserire il tuo euro nella macchina giusto?!

Molto semplicemente ho voluto farti capire che *la chiave del sistema, nella maggior parte delle strategie e azioni di web marketing,* **NON** *è il traffico ma la fase di conversione.*

2.3.3. Economia

La fase di ECONOMIA è consecutiva alla conversione.
Più budget ottieni in profitto e più budget hai da re-investire.
Se non ottieni cash flow positivo, o modifichi i due elementi precedenti o stoppi la campagna.

FASE DI CONVERSIONE = FUNNEL DI MARKETING

Questa premessa sui tre elementi che compongono una strategia di web marketing è molto importante per entrare nel dettaglio e farti capire che i *funnel di marketing sono i sistemi che si utilizzano per la fase di* **CONVERSIONE**.

Avere dei funnel di marketing significa avere un **SISTEMA DI CONVERSIONE** che ha come scopo quello di raggiungere i risultati che hai progettato. Spesso, per avere un profitto economico importante (come vedremo nei segreti n. 1 e 2) occorre creare più funnel collegandoli tra loro, per ottenere la massima "conversione".
È facile progettare, sviluppare e ottimizzare un funnel? No!
Ma sulla base di previsioni e ottimizzazioni, è possibile renderlo sempre più efficace e/o cambiare strategia in corso d'opera.

Vi sono diversi tipi di conversioni da progettare e sviluppare, come ad esempio:

- funnel 1 con lo scopo di *convertire più traffico* possibile per acquisire *il maggior numero di email*
- funnel 2 con lo scopo di *convertire in vendita* una prima offerta low cost per fare **BREAK EVEN**
- funnel 3 con lo scopo di *convertire i contatti in consulenza o evento* a più alto costo
- ecc.

2.4. Differenze tra un sito e il funnel

«Il difficile non è raggiungere qualcosa,
è liberarsi della condizione in cui si è».

Marguerite Duras

La differenza sostanziale tra un funnel e un sito è che il funnel è un SISTEMA mentre il sito è (nella maggior parte dei casi!) una PRESENZA.

Il sito web classico o *sito vetrina* è generalmente passivo (salvo che abbia nel suo interno dei funnel!) e svolge i semplici compiti di:

- fornire una presenza online
- fornire informazioni.

Tuttora è valido il concetto che "DEVI essere presente online", ma non è più sufficiente per acquisire clienti e garantirti vendite.
Un sito vetrina (ciò che possiede il 95% delle attività italiane!) ha generalmente questi aspetti:

1. viene letta una minima parte di ciò che vi è scritto dato che la gente non ha tempo e voglia di leggere tutto quello che vi è scritto
2. non crea interazione con gli utenti dato che spesso non vi è un elemento di acquisizione email (list building) per attivare e creare un rapporto nel tempo
3. non vi è alla base una strategia e un sistema orientato alla conversione.

E questi tre aspetti portano a 3 problemi principali:

DIFFICILMENTE SI VENDE A "FREDDO"

Se ti chiami Ryanair o Amazon ok, ma se non hai un brand così forte e affidabile, raramente una persona che arriva su un sito classico acquista a freddo prodotti/servizi.
Il 98% dei tuoi utenti non convertirà alla prima visita.
È risaputo oramai che la stragrande maggioranza di chi accede ad un sito per la prima volta NON compie la conversione che proponi nel sito (vendita o richiesta contatto):

- il 97% dei visitatori di un sito o e-commerce abbandona senza convertire
- il 67% acquisterà in un secondo momento (quando loro saranno pronti!) e solo se ritorneranno sul tuo sito[1]
- il 55% dei visitatori spenderà meno di 15 secondi[2] sulla pagina e la stragrande maggioranza non tornerà.

1 Gleanster Research
2 Tony Haile di Chartbeat sull'articolo su Time *What You Think You Know About the Web is Wrong*

NO CONNESSIONE = NO UTENTE (E I SUOI SOLDI)

Se non entri in contatto con il tuo utente/visitatore attraverso la mail o i social, il rischio di perderlo per sempre è concreto.
Inoltre perderai la grande opportunità di:

A. *farti trovare nel momento giusto* (il tempo è la leva persuasiva più potente che ci sia!)
B. *fargli capire che sei la soluzione che cercava.*

Il funnel, a differenza del sito e come abbiamo visto prima, è progettato per creare un sistema, composto da vari elementi per far creare relazione, educare l'utente e fargli vivere un'esperienza valida da portarlo in conversione.

TUTTI DICONO LE STESSE COSE

Hai fatto caso che la maggior parte dei siti dice le stesse cose?
Leader di settore, primi della categoria, ecc.
Oramai le persone sono stanche di sentire sempre gli stessi concetti.
Se hai una tipologia di comunicazione classica, sappi che otterrai scarsi risultati.
"Ma allora cosa devo fare?" Ti starai chiedendo. "Ho fatto il sito per nulla?"
No! Se hai già fatto un sito, lo puoi utilizzare per portare traffico verso il tuo funnel in modo da raccogliere le email e iniziare una relazione con l'utente sull'argomento (servizio/prodotto) del quale ha dimostrato interesse.

2.5. Avvertimento prima dell'uso

Il web marketing è **molto più difficile** di ciò che ti hanno fatto credere.
Dopo quasi 20 anni che faccio web marketing e decine di funnel sviluppati in diversi mercati, mi sento di poterlo dire con certezza.

Raggiungere risultati nel web marketing è più difficile di quanto il 90% delle persone possa credere.
Questo perché, nell'arco degli anni, il marketing online è stato comunicato con troppa leggerezza.

"Che ci vuole?" Apri un blog, scrivi un po' articoli, ti posizioni, generi traffico con Facebook... et *voilà*, contatti a *go-go* pronti ad acquistare da te!
"Che ci vuole a fare un funnel?" Crei 4-5 pagine web, scrivi 7-8 email che partono in automatico, fai un bel video ed ecco che piovono vendite spaventose!

Beh... piacerebbe anche a me dirtelo!
Ma non è così!

Troppe volte ho visto promesse inquietanti come quelle di avere centinaia di contatti con poco investimento o di fare soldi online in 7 giorni e così via!

Se il web marketing fosse così veloce, semplice e facile... perché così tanti fallimenti?

Come mai così tanti e-commerce e partite IVA chiudono entro 3 anni anche se si promuovono nel web?

Come mai chi propone formule magiche di web marketing per trovare clienti o distributori per network marketing ha abbandonato il network marketing?!

Non trovi una "piccola" incongruenza?!

Il web marketing funziona? Certo che sì!
Il mondo è pieno di persone che hanno raggiunto ottimi risultati, semplicemente è un PROCESSO più difficile e complesso di come viene comunicato nel web.
È un processo che richiede tempo, costanza e test nella maggior parte dei casi.

Se ne prendi coscienza tutto diventa più semplice, perché potrai pensare da vero imprenditore pronto a rischiare, investire, testare e ottimizzare in un arco temporale che ti permetta di sopravvivere durante il processo di crescita e sviluppo della tua strategia online.

Il problema è che tante false illusioni hanno generato tantissimi imprenditori disillusi, con meno soldi in tasca... e un lavoro più complicato per chi cerca di fare un buon lavoro.

Mai dare per scontato che la gente compri da te o ti invii una richiesta di contatto.

Fatta questa doverosa premessa, siamo pronti per entrare nello specifico sul tema principale del libro, ovvero capire bene cos'è un funnel di marketing e come progettarlo e svilupparlo per il tuo business.

UN MINUTO DI RIPASSO

In questo capitolo abbiamo imparato i seguenti concetti:

- **tutto ciò che fai prima**, a livello di marketing, è diventato **fondamentale**
- il **marketing è il 75%** del processo rispetto al 25% della vendita
- i clienti per acquistare devono **trovarti** e **capire il valore** dei tuoi prodotti/servizi
- il **web marketing** è un sistema basato su **3 fasi** (traffico, conversione ed economia)
- il **sito vetrina è una passività**, il **funnel un'attività**
- far compiere l'azione di acquisto o di lead generation è **più difficile** di ciò che si fa (spesso) credere del web marketing.

PASSA ALL'AZIONE!

Arrivato a questo punto ti consiglio di fare una pausa nella lettura e andare nella sezione aggiornata di supporto al libro:

FunnelMarketingFormula.it/risorse

In 10-15 minuti potrai:

1. fare esercizi collegati al capitolo
2. mettere in pratica subito i concetti espressi e assimilare al meglio le informazioni che ti ho mostrato
3. vedere i video di approfondimento.

L'esercizio in questa sezione è lo sviluppo della tua attuale strategia di web marketing (o quella che devi progettare da zero), attraverso il sistema a 3 fasi di TRAFFICO, CONVERSIONE, ECONOMIA.

Ti aspetto nella sezione online! :-)

3. Funnel marketing: il nuovo modo di pensare

«Se oggi vado a letto non avendo fatto niente di nuovo rispetto a ieri, allora oggi è stato sprecato».

Bill Gates

McDonalds ha calcolato che il costo che sostiene in traffico per ogni singolo nuovo cliente che entra nel proprio fast food è di 1,91$, mentre l'entrata che ottiene dal panino promozionato (Mc Burger) è di 2,09$. Togliendo il costo pubblicitario, il profitto sul prodotto promozionato in *front end* (ovvero il Mc Burger) sarebbe di solo 0,18$.[3]

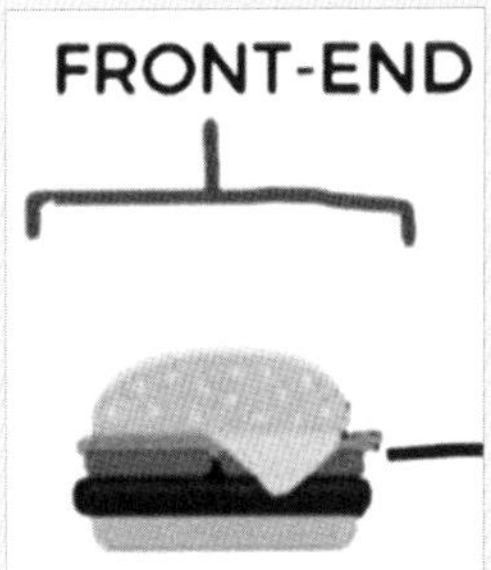

[3] Dati tratti dal video di Russel Brunson sul sito clickfunnels.com

Come può sostenersi McDonalds?
Con i prodotti di *back end*, ovvero patatine e Coca Cola venduti nel menu attraverso la domanda che in automatico viene fatta dal ragazzo/a che riceve l'ordine – "Preferisci menù piccolo o grande?".

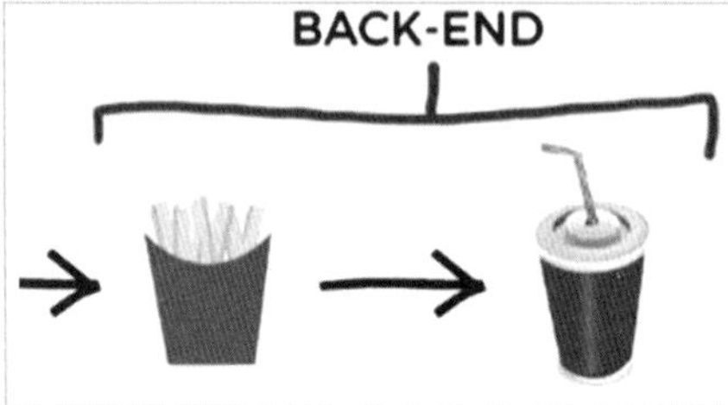

In questo modo il cliente acquista il menù completo ad un costo aggiuntivo di 1,77$ (un incasso totale di 4,86$) e un profitto di 1,32$, ovvero **8** *volte superiore all'entrata del prodotto (MC Burger) promozionato.*

La promozione e il conseguente profitto di McDonalds

Questa tipologia di processo che permette a McDonald di pareggiare i costi pubblicitari con il primo prodotto (prodotto di *front end* = panino Mc Burger) e guadagnare sui successivi (prodotto di *back end* = patatine e Coca) è un FUNNEL!

Lo stesso avviene per altri colossi, come ad esempio Ryanair, la quale promuove i voli low cost ma, successivamente alla prima transazione, aumenta i profitti sullo stesso cliente proponendo l'assicurazione, il posto prioritario, l'hotel, il noleggio delle auto, ecc.

Lo stesso vale per tanti altri big che utilizzano il web per vendere, come Booking, Amazon che non ti portano semplicemente sul loro sito ma sul proprio funnel!
Nel momento in cui acquisiscono un nuovo cliente (e con tutti i vari prodotti/servizi aggiuntivi hanno pareggiato i costi per averti), tutto ciò che ti venderanno successivamente sarà per loro puro profitto.

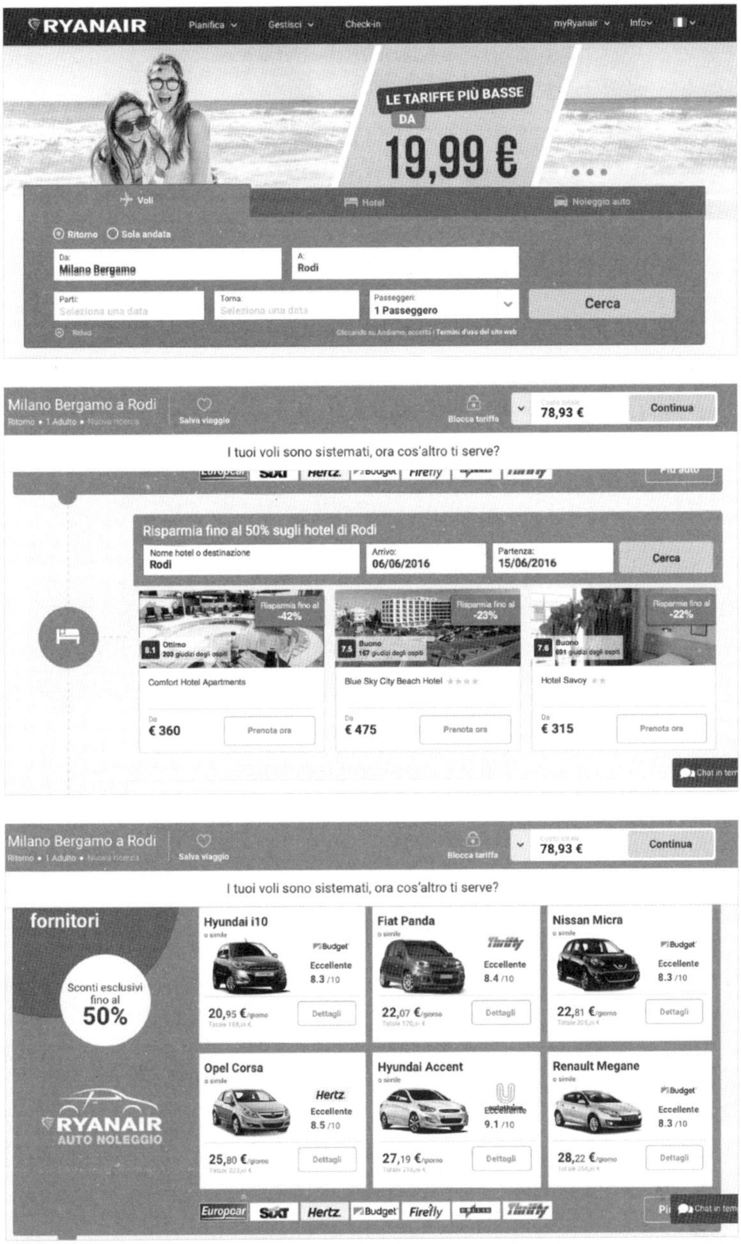

Le promozioni di Ryanair (fonte: ryanair.com/it)

Il funnel di Ryanair

Se ci fai caso, rimangono in contatto con te; ti mandano offerte via email e spesso trovi il loro annuncio ovunque (come se ti seguissero!). Questo perché, quando accedi a questi colossi, non accedi "solo" al loro sito... ma al loro funnel!

Se hai un progetto di business online oppure vuoi utilizzare il marketing online per la tua attività, ciò che generalmente si fa Italia è andare dalla web company della propria città (se non dal cugino dello zio) e farsi fare il sito.
Ma il sito è una *passività* nel senso che non ti farà mettere soldi in tasca o guadagnare tempo.

3.1. Introduzione ai funnel di marketing

Quello che ti serve è un funnel!
Esattamente come fanno i colossi del mercato, i quali non hanno solo il sito ma un sistema che diventa un'attività che produce soldi o automatizza certi processi risparmiando tempo.

La domanda che nasce spontanea è: "Ok! Ma tutto questo può funzionare anche per me?".
La risposta è "SÌ" dato che esistono differenti tipi di funnel per raggiungere diversi obiettivi e per diversi mercati/settori.

Ecco alcuni dei settori e mercati nei quali funzionano i funnel:

- vendita di prodotti
- vendita di servizi
- la vendita di eventi
- consulenti e coach
- vendita di infoprodotti
- e-commerce
- network marketing
- affiliazione
- tanti altri ancora.

Uno dei concetti chiave che voglio smantellare è che NON esiste il "solo funnel a cono colorato" che trovi su Google, MA esistono diversi funnel (schemi e sistemi) in base all'obiettivo e mercato in cui operi. Di seguito alcuni **esempi di funnel** (nostri e quelli di alcuni clienti).

FUNNEL BLG (BRANDING LEAD GENERATION)

Per la vendita di servizi/prodotti attraverso la lead generation (ricezione di contatto). Questo è un ottimo funnel per trasformare un perfetto sconosciuto in un cliente pagante, dato che le informazioni che riceve in automatico gli permettono di capire meglio il valore dell'offerta, prodotto o servizio.

Esempio di funnel BLG

FUNNEL POST REQUEST

Per la valorizzazione post-preventivo del proprio prodotto.
È un funnel al contrario dato che parte successivamente alla richiesta di un preventivo ed è un funnel ottimale per differenziarsi dalla concorrenza, senza ricadere nella guerra dei prezzi.

Il funnel di Mascotte

COUPONING FUNNEL

Per portare persone dal web all'offline.
Sfrutta il principio promozionale del *couponing* (ad esempio Groupon) con la sostanziale differenza che i clienti saranno acquisiti e fedeli a te rispetto a Groupon.

Il funnel di uno studio pilates

FUNNEL PER AFFILIAZIONE

Per promuovere e guadagnare su prodotti o servizi di altri.
È un funnel molto semplice e ottimale per chi non ha ancora un prodotto da vendere.

Esempio di funnel per affiliazione

FUNNEL PER VENDITA DI CORSI

Per vendere direttamente online i propri corsi e membership.

Esempio di funnel per la vendita di corsi

FUNNEL PER PRODOTTI

Per vendere prodotti (o acquisire il contatto commerciale).

Esempio di funnel per la vendita di prodotti

Potrei mostrarti decine di diversi funnel dato che, spesso per lo stesso cliente, abbiamo sviluppato più di un funnel in base ai diversi obiettivi e mercati, ma soprattutto in base alla fase in cui si trova il potenziale cliente (capirai meglio questo concetto nel segreto n. 1 quando parleremo di "scala del valore").
Ora che ti ho introdotto il funnel, vediamo nel dettaglio da cosa è composto.

3.2. Cos'è un funnel

«Un viaggio lungo migliaia di miglia deve iniziare da un singolo passo».
Lao Tzu

La traduzione in inglese della parola "funnel" è imbuto.
Se infatti, cerchi su Google le parole come "*Funnel marketing*" o "*Funnel vendita (sales)*" le immagini che troverai saranno quelle di imbuti o coni rovesciati, spesso colorati per mostrare le varie fasi di passaggio dell'utente.

Tecnicamente l'immagine è veritiera, dato che il concetto è quello di far capire che dal traffico (tanto), dopo vari passaggi, escono vendite o conversioni (poche).
A mio avviso, le immagini che trovi su Google sono poco efficaci per capire il vero concetto del funnel di marketing.

Dalla mia esperienza, NON esiste UN solo funnel, ma esistono diversi schemi che hanno lo scopo di essere il "progetto" di ciò che verrà sviluppato.

Il cono o imbuto che rappresenta la parola "funnel" su Google

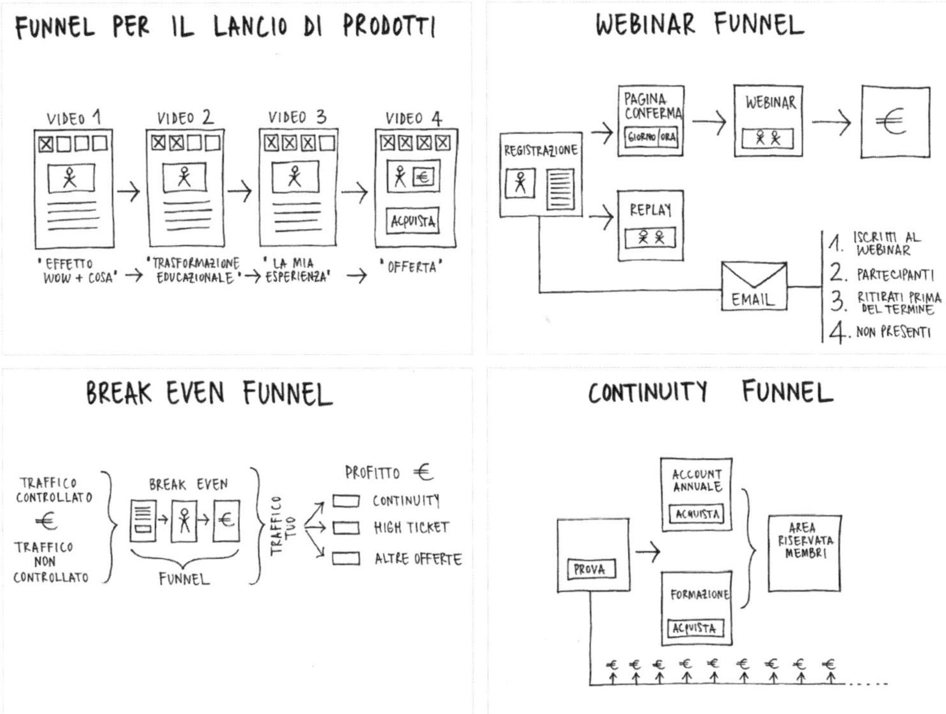

Esempi grafici di diversi tipi di funnel

I funnel di marketing sono **sistemi** composti da un *insieme di elementi* che hanno lo scopo di creare *relazione, educazione e/o far vivere all'utente un'esperienza* tale da portarlo alla *conversione* nel *modo più automatico* possibile.

Entriamo nel dettaglio e vediamo di "scomporre" questa frase.

3.2.1. Funnel di marketing = sistema

I funnel di marketing sono **sistemi** perché vengono progettati, sviluppati, analizzati e ottimizzati esattamente come lo faresti se volessi creare una macchina.

Si progettano le sequenze dei vari passaggi che l'utente dovrebbe compiere e/o ricevere e gli elementi che la compongono.

Spesso faccio l'esempio di come un funnel sia una macchina come quelle che trovi alle stazioni dei treni che consegna in automatico il caffè o le merendine, ecc.

La differenza che c'è tra una macchina e un poster pubblicitario è come quella tra un funnel e un "sito vetrina" (ciò che ha il 90% di coloro che utilizzano il web).

Bene! Questa macchina, prima di essere sviluppata, è stata progettata... esattamente come lo fai per un funnel.

3.2.2. Funnel di marketing = insieme di elementi

I funnel di marketing non sono composti solo dal sito, ma da un **insieme di elementi**:

- pagine web
- video
- email automatiche
- blog post
- sito
- offerte
- feedback
- pdf
- leve persuasive
- popup
- connessioni con sito vetrina o pagine social
- ecc.

Gli elementi che vengono presi in considerazione sono i più svariati, ma tutti vanno nella direzione progettata fin dall'inizio dal sistema e con obiettivi definiti.

3.2.3. Funnel di marketing = creare relazione (educare l'utente e fargli vivere un'esperienza valida)

Nel capitolo precedente abbiamo visto che un potenziale cliente acquista quando:

1. ti trova e ti dà attenzione
2. *ha capito che sei la soluzione* che stava cercando.

Il funnel ha lo scopo di fornire informazioni attraverso dei contenuti educazionali e di valore per aumentare la consapevolezza che il tuo potenziale cliente ha di te e di quello che offri.
Spesso, prima dai valore e poi chiedi valore.

3.2.4. Funnel di marketing = far compiere azioni

I funnel di marketing hanno lo scopo di far compiere **azioni**, definite in fase di progettazione, proprio per "portare" l'utente all'obbiettivo che si desidera far compiere.
Questo, a mio avviso, è l'elemento chiave del funnel, dato che la progettazione del sistema e la composizione degli elementi *parte dalla fine* (la conversione che vorremmo far compiere all'utente) e non dall'inizio!

In base a questo, TUTTO il funnel viene pensato, progettato e composto dagli elementi necessari per dare un messaggio unico e chiaro che porti l'utente a "vivere" una determinata esperienza e compiere l'azione desiderata.

3.2.5. Funnel di marketing = modo più automatico possibile

Un'altra caratteristica dell'avere un funnel è quella di poter creare una "macchina" che consegni per te i contenuti che hai progettato di dare (video, pdf, ecc.) e che crei una relazione durevole nel tempo in modo automatico, dato che una volta impostata la macchina lavora per te (24 ore su 24, 365 giorni l'anno mentre stai dormendo o lavorando o sei in vacanza).

Dalla mia esperienza è impossibile automatizzare i processi al 100% dato che certi aspetti devono essere fatti solo da te o dal tuo team.
Mi riferisco al rispondere alle domande che ricevi via email o social, o al contatto commerciale per la vendita, o l'assistenza per l'acquisto del prodotto o servizio.
Quello che invece puoi automatizzare sono tutti gli aspetti legati al:

- creare e mantenere nel tempo la relazione
- consegnare i contenuti (video, pdf, ecc.)
- stimolare il "consumo" dei materiali che hai consegnato
- diversificare i percorsi in base alle azioni che hanno compiuto
- fare offerte automatiche
- formare e "scaldare" l'utente trasformandolo in potenziale cliente
- stimolare la condivisione e la viralizzazione
- stimolare la richiesta di feedback
- ecc.

Scott: «*È tutta vostra signore. Tutti i sistemi sono automatizzati e pronti. Uno scimpanzé e due apprendisti sarebbero in grado di farla andare*».
Capitano Kirk: «*Grazie Scott. Cercherò di non prenderla come un fatto personale*».

Star Trek

3.3. Funzione nel mio settore?

«*La prima regola di ogni tecnologia utilizzata in un'impresa è che l'automazione applicata ad un'operazione efficiente farà crescere l'efficienza. La seconda è che l'automazione applicata ad un'operazione inefficiente farà crescere l'inefficienza*».

Bill Gates

Una delle domande che mi vengono poste più di frequente è:

"Michele, ho visto un tuo video e l'ho trovato interessante, ma pensi che il funnel funzioni anche per il mio settore?".

La mia risposta è sempre la stessa!

"SE HAI UN BUSINESS CHE PREVEDE UN ACQUISTO INFORMATO O L'ACQUISIZIONE DI NUOVI CLIENTI O LA VENDITA ATTRAVERSO IL WEB, ALLORA LA RISPOSTA È SI!"

Per CHI è adatto il "Funnelling"?
È adatto per coloro che devono vendere un servizio o prodotto dove vi è *l'acquisto informato.*
Cos'è l'acquisto informato?
È quando hai un business nel quale devi spiegare il tuo prodotto o servizio al potenziale cliente.
Devi spiegargli le caratteristiche, i benefici, le condizioni contrattuali, l'utilizzo, le testimonianze, i prezzi, i bonus, le garanzie, ecc.
Insomma, se devi spiegare il tuo prodotto o servizio per essere venduto, allora il funnel di marketing è qualcosa che fa per te!

Per CHI è adatto il "Funnelling"?
È adatto a coloro che *devono acquisire nuovi clienti o vendere attraverso il web.*
Se utilizzi il web come canale di marketing o lo hai fatto finora, allora il funnel sarà molto utile, perché ti permetterà di comunicare in modo automatico (ovvero senza la tua presenza fisica nello spiegare), generare contatti o vendere i tuoi prodotti e servizi.

Come farlo?
Dipende da molte cose quali la tipologia di business, il messaggio che si vuole dare, i tempi a disposizione, il budget a disposizione e tanto altro ancora.

Un veloce esempio è il caso di Eddi Buffalo (un libero professionista che vende servizi B2B), uno dei nostri clienti/partner storici che, con il funnel, ha letteralmente cambiato vita.

Eddi faceva un lavoro nel quale, per vendere i suoi servizi, girava tutti i giorni in macchina per spiegare sempre le stesse cose.
Frustrazioni, multe, spreco di tempo e soldi lo portarono a cercare nel web qualche soluzione alternativa... e trovò noi.
Sviluppammo per lui un paio di funnel abbinati ad un blog in modo da automatizzare gran parte delle informazioni per i potenziali clienti.
Il focus era attirare clienti e valorizzare la sua proposta.

Il funnel iniziò a "lavorare", portandogli via il 60-70% del lavoro che prima faceva andando in giro.
Questo gli permise il primo vantaggio di potersi concentrare sul suo vero lavoro e non sull'aspetto di marketing/commerciale, perché aveva un sistema che lavorava (anzi lavora!) per lui 24 ore su 24.

Il secondo vantaggio fu quello di trattare solo con persone che tramite i video lo avevano "già conosciuto" e capito il valore del suo servizio, aumentando gli indici di chiusura contratti e risparmiando una valanga di tempo.

Se devi vendere prodotti o servizi in telemarketing a freddo, il funnel ti aiuterà a "scaldare" i potenziali clienti, ridurre i lead perditempo e focalizzarti solo su chi veramente ha capito il valore del tuo prodotto o servizio.
Se vendi tramite e-commerce o comunque online, con il funnel puoi aumentare il profitto sullo stesso cliente, proponendo prodotti abbinati o servizi aggiuntivi.
Se vuoi affiliare persone per il tuo network marketing, il funnel ti sarà utile per aumentare il brand su te stesso, il tuo network e comunicare a più persone senza limite territoriale.

Essendoci diversi tipi di funnel per diversi obiettivi, non esiste una regola unica ma nel segreto n. 1 ti mostrerò come poter abbinare un qualsiasi funnel al tuo business.

Eddi Buffalo

Eddi Buffalo – Servizi CAF Italia, servizicafitalia.it

Sono il dott. Eddi Buffalo e gestisco un mio CAF Centro di Assistenza Fiscale e Patronato, fornendo formazione pratica, affiancamento diretto e supporto a una rete di 500 sportelli in tutta Italia.

Che problema avevo

Prima di conoscere Michele Tampieri, portavo la mia proposta di apertura di uno sportello Caf alla vecchia maniera: contattavo altri uffici e professionisti (a volte disturbandoli), spendevo molto denaro per comunicazioni di presentazione cartacea, perdevo tanto tempo in spostamenti in auto per raggiungere le persone interessate, trascurando così il mio ufficio.
I risultati arrivavano ma con un grande sacrificio e duro lavoro che mi rendevo conto non avrei potuto sostenere ancora per tanto tempo e che restava limitato alla mia Regione.

Cosa abbiamo fatto assieme

La soluzione che ho visto è stata la possibilità di delegare questo incarico di presentazione ad una "macchina", duplicare la mia persona per portare la mia soluzione su tutta Italia senza più limiti fisici nello spostarmi personalmente e riducendo molto le spese.
Oggi ho una macchina funnel che trova clienti per la mia attività, comunica in modo professionale la mia proposta, scarta i contatti disinteressati e mi fa contattare solo da persone interessate con cui è più facile chiudere l'accordo.

Che risultati ho ottenuto

Oggi riesco a fare molte più presentazioni di prima: il lavoro che completavo in una settimana ora lo fa il funnel per me in un giorno, scremando da solo i contatti disinteressati e permettendomi di essere cercato dai miei clienti e non più rincorrendoli... e questo è un vantaggio impagabile quando devi chiudere il contratto!
Non sono più limitato alla mia Regione ma lavoro su tutta Italia e supporto una rete di centinaia di sportelli il cui numero negli ultimi 2 anni si è moltiplicato.

Consiglio di fare un funnel e a chi

Sicuramente consiglio di costruire un proprio funnel a cui dare l'incarico di comunicare i vantaggi e il valore reale della propria attività, presentare le regole e portare degli esempi del proprio operato. Sarà sicuramente un successo per qualsiasi attività.

3.4. I funnel e le strategie di marketing

«Se torturi i numeri abbastanza a lungo,
confesseranno qualsiasi cosa».

Gregg Easterbrook

Ok, ora che abbiamo capito cos'è un funnel, vediamo a quali strategie di web marketing lo possiamo applicare e quali vantaggi puoi ottenere portando il traffico verso il funnel rispetto al sito o landing page base.

Premetto che i numeri che sto per fare sono **PURAMENTE INDICATIVI** ed ipotetici, il loro scopo è dimostrativo e utile per capire il ragionamento da fare PRIMA di investire un solo euro in pubblicità.

IPOTESI

Campagna web per vendita di prodotti/servizi in lead generation, ovvero non si vende direttamente online ma l'obiettivo è quello di acquisire contatti di persone interessate alla nostra proposta. Detto con altre parole, abbiamo un prodotto o servizio che vogliamo vendere attraverso una campagna di lead generation dal web, ovvero l'obiettivo è quello di ricevere **CONTATTI** interessati al nostro prodotto/servizio che hanno richiesto di essere contattati (con anagrafiche composte da nome, cognome, telefono, email, fascia oraria di contatto).

I commerciali che ricevono i lead, mediamente, hanno un indice di **chiusura in vendita del 10%**, ovvero su 10 contatti che ricevono ne chiudono 1.

Il *budget pubblicitario della campagna su Facebook ads è 1.000€* ed il costo medio per clic è di **0,5€**, generando così **2.000 visite** verso la pagina che vogliamo noi.

Le strategie di azione possono essere tantissime, ma per semplificare prendiamo le 3 più comuni:

- traffico verso sito internet
- traffico verso landing page
- traffico verso funnel.

3.4.1. Traffico verso sito

La strategia traffico verso sito è molto pericolosa perché il "sito vetrina" (salvo che sia un funnel vestito da sito) ha scarsi indici di conversione.
Spesso, il focus delle web company per il sito verte sulla grafica e sulla bellezza ma è poco orientato al marketing.

Ipotizziamo che le **2.000 visite** sul sito convertano al **3%** dei visitatori in contatti, portando solo **60 richieste** di contatto (lead) per acquistare il tuo prodotto/servizio.

Al **10% di chiusura** in vendita, avremo **6 vendite**.

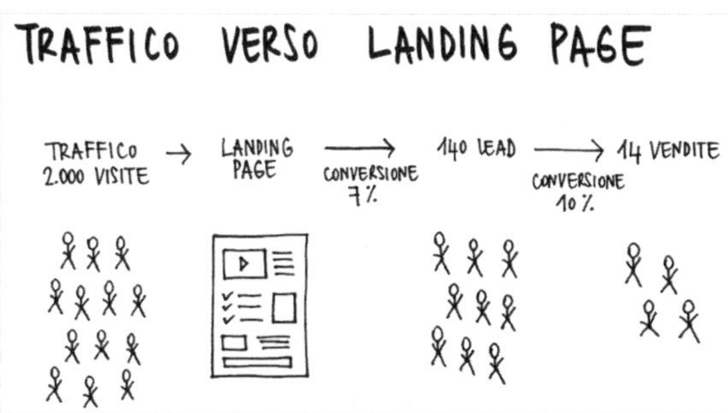

3.4.2. Traffico verso landing page

La strategia traffico verso la landing page è un'ottima strategia (che io applicavo 10 anni fa e con la quale ho generato migliaia di lead), ma che a mio avviso rimane incompleta, dato che non sfrutta 2 elementi fondamentali, ovvero il *fattore tempo e la gestione dei "no"*, ovvero coloro che non accettano la tua proposta commerciale.

Le **2.000 visite** sulla landing page, ipotizzando che converta al **7%** (il 350% in più che il sito!), genereranno **140 LEAD**, che verranno trattati in fase commerciale. Con un **10% di chiusura** in vendita, si raggiungerà l'obiettivo di fare **14 vendite.**

3.4.3. Traffico verso funnel

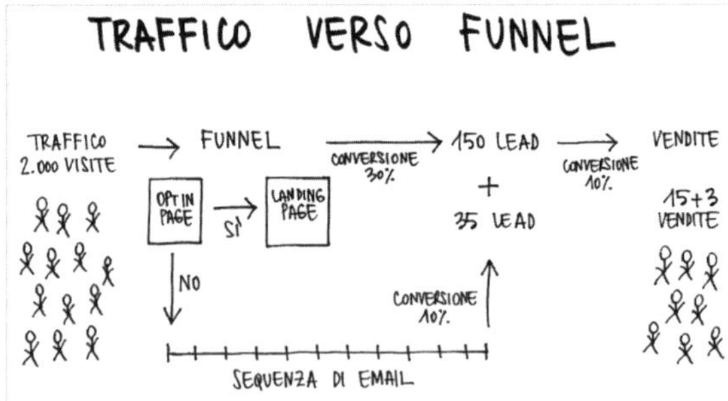

Il traffico verso funnel avrà il vantaggio di sfruttare al massimo l'investimento effettuato dato che le 2.000 visite arriveranno prima su una **OPTIN PAGE**, che ha come primo obiettivo *trasformare il traffico a pagamento* (questo da Facebook Ads) *in traffico di tua proprietà.*
La seconda pagina avrà lo scopo di valorizzare il servizio/prodotto, esattamente come la landing page precedente, con la differenza che vi saranno una sequenza già prevista di email, pagine web o blog che "lavoreranno" su coloro che NON hanno compilato la richiesta di contatto.

Facciamo il solito esempio, ipotizzando che le **2.000 visite** vanno prima sulla optin page che **converte al 25%** e genera **500 email**. Non sono ancora lead completi, ma solo *nome + email* che hanno inserito per avere le informazioni che cercavano.

La pagina successiva all'optin-page è la **LANDING PAGE che converte un 30%** di coloro che sono entrati nella lista da optin page, generando **150 lead** della strategia precedente. Tenendo sempre come parametro il 10% di chiusura in vendita, tutto ciò porterà a **15 vendite** (più o meno come la strategia n. 2 sulla landing page).

Qual è la differenza rispetto alla strategia n. 2?
Che ora il tuo funnel inizia a "lavorare" in automatico e in autonomia sui 350 che NON ti hanno contattato subito (il rimanente 70%!), agendo in diversi modi come:

- invio di email persuasive sulla landing page
- invio di email su pagine alternative (esempio blog) che valorizzino il tuo prodotto/servizio in modo diverso
- utilizzando la leva persuasiva più potente, ovvero il fattore tempo, dato che i potenziali consumatori diventano clienti quando sono pronti loro (e non noi!).

Ipotizziamo che il **funnel converta il 10%** delle 350 persone che in prima fase non erano pronti per diventare lead, generando **35 nuovi lead** e (al solito 10% di chiusura in vendita) altre **3 nuove vendite** rispetto alle 15 fatte subito e *aumentando il tasso di vendite del 20%!*

Le ipotesi che ho fatto, ovviamente, sono puramente indicative.
Quello che volevo farti capire è come un funnel potrebbe ottimizzare al meglio ogni singolo euro di investimento (a parità di budget pubblicitario e prodotto/servizio), perché sfrutta fattori come la *valorizzazione comunicativa* del prodotto/servizio, il *fattore tempo e la gestione dei "no"* su coloro che in un primo momento non erano pronti a convertire.

L'esempio qui sopra potrebbe essere banale, ma nel nostro processo di lead generation, il 60% (!!) dei contatti che riceviamo per la vendita dei nostri corsi o servizi deriva dal funnel che lavora sui "no".
In pratica 4 contatti su 10 arrivano dal primo funnel progettato e sul quale portiamo il traffico della pubblicità, mentre i rimanenti 6 li riceviamo nell'arco del tempo grazie al funnel che lavora per noi in modo automatico.
Se non ci fosse stato questo secondo funnel abbinato ad un'azione di gestione dei "no" (*lead nurturing*), questi contatti li avremmo persi!

3.5. I 5 tipi di funnel

Esistono diversi funnel e ognuno di essi ha obiettivi differenti.

Nei nostri corsi ne mostriamo 14 tipi, ma per darti ora una visione basilare e semplice del concetto, ti illustrerò **5 TIPI DI FUNNEL** che potresti utilizzare.

3.5.1. Break even funnel

Il *break even funnel* è il funnel base per eccellenza e spesso il più comune da vedere.

È lo stesso che, come abbiamo visto prima, utilizzano colossi come McDonalds, ma anche tantissimi professionisti e imprenditori. L'errore più comune è quello di pensare che questo funnel possa essere l'unico del proprio business, cosa non sostenibile, perché mancante di tutta la parte di profitti (che vedremo meglio nel segreto n. 1 dove parleremo della scala dei valori).
Questo funnel è solitamente composto da:

- una **pagina di optin** che raccoglie la mail in cambio di un'offerta particolarmente vantaggiosa
- una **pagina valore** dove viene spiegato il prodotto/servizio in offerta
- una **pagina "grazie"** dove si viene rimandati ad un prodotto successivo o al semplice messaggio di ringraziamento per l'acquisto.

Gli step successivi comprendono pagine e offerte di vendita che possono essere immediate o progettate per essere inviate nei giorni o settimane successive.

3.5.2. Continuity program funnel

Il *continuity program funnel* è utilizzato per proporre un servizio/infoprodotto che venda attraverso consegne di materiali o contenuti mensili (es. membership, Netflix, Sky, ecc.).

Questo funnel è solitamente composto da:

- una **pagina d'offerta** dove viene spiegato il prodotto/servizio in offerta o dove si ha la possibilità di accedere gratis per un periodo limitato (1 mese, 2 settimane, ecc.)
- una **pagina di vendita** dove si effettua il pagamento
- la pagina **OTO (One Time Offer)** dove si offre la possibilità di non pagare mensilmente ma in modo annuale (per esempio) con condizioni agevolate.

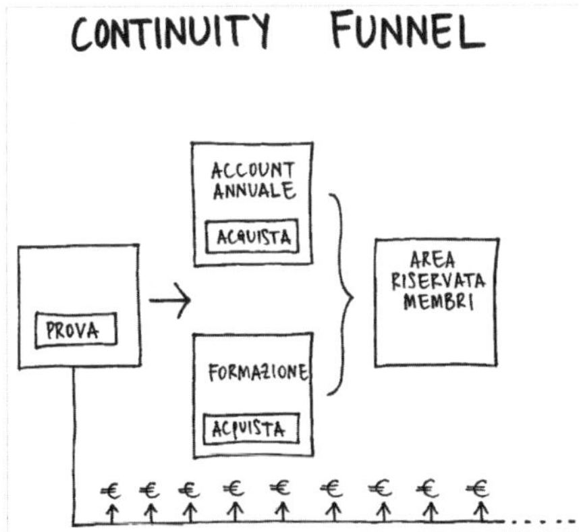

3.5.3. Webinar funnel

Il *webinar funnel* è perfetto se il prodotto o servizio da vendere necessita di una spiegazione ed è un ottimo strumento per formare o informare i propri utenti sia in modo *live* che in *replay* (registrato).

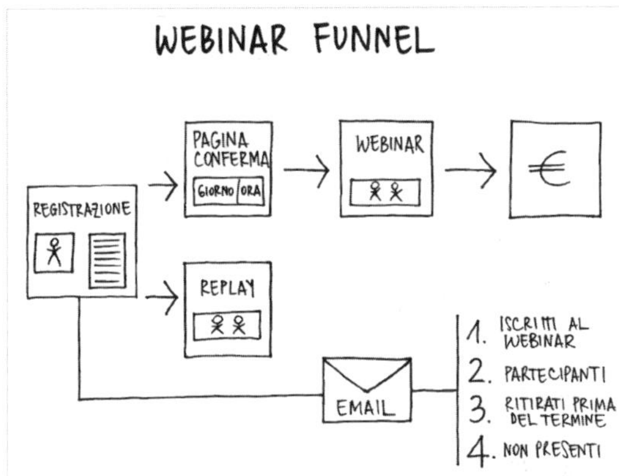

Questo funnel è solitamente composto da:

- **1 pagina di registrazione** dove l'utente si registra al webinar nella tal data e orario
- a seguito ci sarà la **pagina di conferma registrazione** e, nella data prevista, la pagina dove sarà accessibile o pubblicato il webinar stesso
- successivamente, per coloro che non hanno potuto partecipare

al webinar, verrà inviata tramite una follow up di email automatiche la possibilità di rivedere il **webinar in replay**.

Un webinar funnel più raffinato potrà prevedere l'invio di email in base al livello di visualizzazione del video, capendo quindi se l'utente è arrivato alla fase dell'offerta.

3.5.4. Product launch funnel

Il *product launch funnel* è un funnel inventato da **JEFF WALKER**, guru americano dei lanci sul web e formatore di tanti marketer nel mondo. È un funnel molto utilizzato dato che, nell'arco di qualche giorno (mediamente 7 o 10 giorni), trasforma un utente che non conosce il prodotto o servizio in un potenziale cliente pronto per acquistare, dato che ha meglio compreso il valore dell'offerta a seguito della visione di 3 (o 4) video educativi.
Può essere un funnel legato al lancio (come suggerito da Jeff Walker) ma anche in evergreen, ovvero sempre attivo, come fanno tanti altri.

Questo funnel è solitamente composto da:

- una **pagina di optin** dove si acquisisce l'email in cambio di un percorso formativo
- **una sequenza di 3-4 video educativi** dove ognuno di essi ha uno scopo e script ben precisi, come ad esempio:
  - video 1: effetto wow + promessa di ciò che impareranno e come la loro vita migliorerà dopo che avranno imparato le informazioni che sto per dare
  - video 2: spiegazione del "sistema"
  - video 3: caso studio o meccanismo unico
  - video 4: video di vendita.

- una **pagina con video + testo di vendita** per vendere il prodotto o servizio.

3.5.5. High ticket funnel

L'high ticket funnel è utilizzato per coloro che vendono attraverso la lead generation e che vogliono al meglio preparare la persona a:

- compilare il form di richiesta contatto
- preparare la call telefonica in modo tale da "scaldare" l'utente.

Questo funnel è generalmente composto da:

- **pagina Storia o Caso Studio** di una 3° persona che racconta come si è trovato bene con il prodotto o servizio proposto
- **pagina di compilazione form**, dove vengono richiesti i diversi dati utili, nella quale si troverà anche un video contenuto, che amplifica il desiderio di compilare il form per risolvere un problema o raggiungere un determinato risultato
- **pagina HomeWork** dove l'utente, che ha appena compilato il form, riceve ulteriori info e video che lo "preparano" alla call telefonica.

3.6. Le 7 cose che non è un funnel

«Odiami se devi, ma ti prego di non fraintendermi».

Ashleigh Brilliant

Abbiamo trattato l'argomento funnel in diverse forme, ma prima

di passare al segreto n. 1, dove ti mostrerò la mappa per sviluppare il tuo funnel efficace, vorrei spiegarti le **7 cose che NON è un funnel** attraverso il mio personale **COUNTDOWN.**[4]
La chiarezza non è mai troppa!

Screenshot del video post

1. IL FUNNEL NON È UN SITO
Ovviamente mi riferisco al classico "sito vetrina".
Come abbiamo visto il funnel è un processo mirato al raggiungimento di risultati, non solo legato alla sola presenza online.

2. IL FUNNEL NON È UN SISTEMA DI AUTOMAZIONE 100%
Sento parlare di automazioni totali ma, a mio avviso, una parte di "pilota manuale" è sempre presente anche nel funnel meglio ottimizzato.

3. IL FUNNEL NON È NELLA TUA ZONA DI COMFORT
Questa è una grande verità dato che il funnel stimola l'imprenditore a comunicare in modo diverso e a sviluppare una maggiore consapevolezza.
Abbiamo realizzato numerosi video per funnel di clienti e spesso

[4] Per saperne di più guarda il video post pubblicato sul nostro blog: leadgenerationitalia.com/7-cose-che-non-sono-un-funnel-di-marketing/

l'uscire dalla zona di comfort mettendoci la faccia è stato l'ostacolo più difficile da superare.

4. IL FUNNEL NON È "SOLO" 3 PAGINE E 5 EMAIL AUTOMATICHE

Chi fa funnel in modo professionale sa bene che un funnel non è solo una paginetta web o qualche email. Dietro le quinte ci sono decine e decine di sfumature da valutare per rendere il funnel e la strategia globale efficace.

5. IL FUNNEL NON È SLEGATO DALLE ATTIVITÀ OFFLINE

Si potrebbe pensare che il funnel sia solo uno strumento online, ma in realtà è uno strumento applicabile a moltissime attività offline.

6. IL FUNNEL NON È SLEGATO DAL MARKETING DIRETTO

Il marketing diretto è la metodologia più efficace di comunicazione rispetto ad un marketing di massa. È l'arma di ogni piccolo imprenditore rispetto al colosso e i funnel (o meglio l'insieme di funnel collegati fra loro) ne sono l'applicazione pratica.

7. IL FUNNEL NON È GARANZIA DI RISULTATI

Il funnel è uno strumento progettato e creato per il raggiungimento di obiettivi definiti, ma non può esserne garanzia di risultati.
Il funnel non dà risultati garantiti, è semplicemente un sistema più efficace nel comunicare al meglio il valore dei tuoi prodotti o servizi. Se le tue offerte, i tuoi prodotti o i tuoi servizi non valgono, è normale che il funnel non faccia la differenza e non sia miracoloso.

3.7. I 2 pericoli che potrai riscontrare sui funnel

«Potete rischiare di sbagliare o accontentarvi di essere noiosi».

Set Godin

Di recente anche in Italia è venuta alla luce una certa consapevolezza del "funnelling" e sempre più imprenditori e professionisti sono alla ricerca di informazioni.
Come tutte le cose nuove, ci sono sempre più *esperti* del settore e questo porterà a 2 pericoli ai quali dovrai prestare attenzione.

La crescita nelle ricerche nel mondo sulla parola "Funnel Marketing" tratta da Google Trends

Il **primo pericolo è quello del "rumore" sempre maggiore** sui funnel e il capire da CHI acquisire informazioni di reale valore.
Là fuori ci sono (e saranno sempre di più!) esperti del funnel.
Consulenti, web company, o il cugino del mio amico, salteranno fuori come funghi e il "caos" informativo che si creerà sarà sempre maggiore.
L'ho visto già sul mercato americano, che spesso anticipa quello italiano, quindi dovrai essere bravo a capire da chi prendere informazioni e da chi no.

Il **secondo pericolo è quello di "banalizzare il funnel"**.
"E checcivuole a fare un funnel?!?"

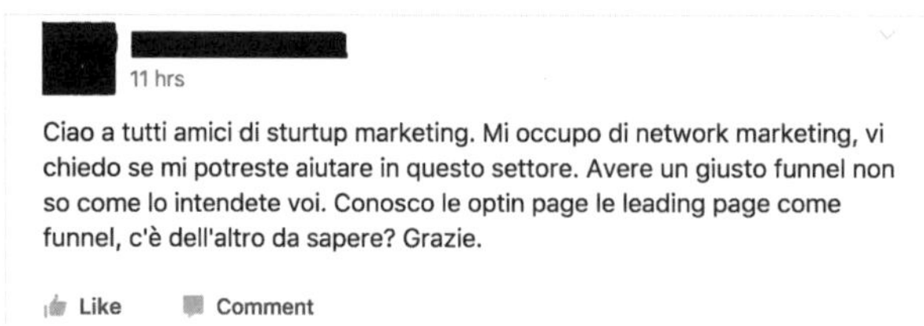

Screenshot di un commento sul gruppo Facebook "Funnel di Marketing"

C'è chi ti dirà che il funnel è un concetto semplice dove è sufficiente avere 2-3 pagine web, 6-7 email automatiche, 2-3 video e il gioco è fatto! SCAPPA!
Non sprecare neanche un minuto del tuo tempo e soldi perché non hai idea di quanto lavoro tecnico, analitico e psicologico ci sia dietro ad un funnel e quali siano i danni che ti può creare una valutazione aerrata.
Il funnel è qualcosa di "dinamico", che lanci e che ottimizzi man mano che ricevi feedback dal *RE pubblico*.
Si possono fare le cose al meglio ma alla fine vi è un solo e unico giudice: il MERCATO.
Questo è uno dei vantaggi del funnel: si ottimizza nel tempo su dati concreti.
Te lo posso dire con la massima trasparenza perché ho sbagliato diversi funnel per inesperienza e sulla base dei fallimenti ci siamo sempre posti la stessa domanda.

"Come possiamo ridurre il rischio di fallimento di questo funnel?"

Devi sapere che, rispetto a chi dice il contrario, non esiste la garanzia 100% sui risultati di un funnel dato che è strettamente legato a troppe variabili del business (traffico, prodotto, mercato, personale, servizio, ecc.).

MA...
...ma con l'esperienza e l'analisi su ciò che non è andato per il verso giusto, ci siamo costruiti la regola dell'80/20 dove l'80% dei rischi di fallimento viene ridotta grazie al 20% di alcune attività "speciali" che vengono previste nella realizzazione del funnel.
E vuoi sapere quali sono?
Sono tutte quelle attività che NON hanno nulla a che vedere con:

- le pagine web
- le email automatiche da inviare
- il video o pdf da scaricare.

Quindi, se ti parlano del funnel come di uno strumento semplice che può creare chiunque, cambia argomento... e chiedi cosa ne pensano della formazione della Nazionale di calcio! :-)

Ok! Abbiamo visto insieme cosa sono i funnel e ti faccio i miei complimenti perché, se sei arrivato fin qui, significa che ne sai già di più del 97% degli imprenditori in Italia.

È un vantaggio competitivo che DEVI sfruttare al più presto e per aiutarti in questo percorso ti invito a prendere visione dei 3 SEGRETI (o se vuoi ingredienti speciali) che ti aiuteranno a raggiungere migliori risultati con i funnel di marketing.

Prima ti parlavo della regola 80/20 per ridurre il rischio di fallimento. Bene! Nella prossima sezione ti parlerò proprio di questo 20% attraverso i 3 segreti per sviluppare funnel di successo.

Nel **segreto n. 1: Modella chi ha successo attraverso la scala dei valori** ti mostrerò il sistema di marketing che utilizzano aziende e professionisti che generano profitti da oltre 1.000.000€.

Nel **segreto n. 2: Crea e segui la tua mappa con lo schema a 9 fasi** ti mostrerò lo schema a 9 fasi per progettare e sviluppare il funnel efficace per il tuo business.

Nel **segreto n. 3: Parti dalla fine con l'analisi dei BIG5** ti mostrerò i 5 elementi fondamentali (che il 97% dei marketer non utilizza) per creare un funnel di successo.

Ti aspetto nella prossima sezione!

UN MINUTO DI RIPASSO

In questo capitolo abbiamo imparato i seguenti concetti:

- **i Big del mercato utilizzano funnel** e non siti
- l'immagine del funnel a cono è veritiera, ma **poco funzionale e troppa generica**
- non esiste un solo tipo di funnel ma più sistemi abbinati al progetto del **sistema generale, tipologia di mercato e obiettivi da raggiungere**
- i funnel di marketing sono **sistemi** composti da un **insieme di elementi** che hanno lo scopo di creare **relazione, educazione e/o far vivere all'utente un'esperienza** tale da portarlo alla **conversione nel modo più automatico** possibile
- ipotesi concreta su come il funnel può ottimizzare l'investimento pubblicitario operando su **valorizzazione, fattore tempo e gestione dei "no"**
- **5 tipi di funnel**: break even funnel, continuity program funnel, webinar funnel, product launch funnel, high ticket funnel
- le **7 cose che non è un funnel**
- i 2 pericoli sui funnel sono il **rumore** fatto da chi non ha reale esperienza e la **banalizzazione del processo**.

PASSA ALL'AZIONE!

Arrivato a questo punto di consiglio di fare una pausa nella lettura e andare nella sezione aggiornata di supporto al libro:

FunnelMarketingFormula.it/risorse

In 10-15 minuti potrai:

1. fare esercizi collegati al capitolo
2. mettere in pratica subito i concetti espressi e assimilare al meglio le informazioni che ti ho mostrato
3. vedere i video di approfondimento.

L'esercizio di questa sezione è quello di scaricare le grafiche dei vari tipi di funnel e identificare quello più adatto da utilizzare per vendere o promuovere il tuo servizio/prodotto.

Ti aspetto nella sezione online! :-)

4. Segreto n. 1
Modella chi ha successo attraverso la "scala dei valori"

«I metodi possono essere un milione e più, ma i principi sono pochi. L'uomo che afferra i principi può scegliere con successo i suoi metodi. L'uomo che prova i metodi, ignorando i principi, avrà sicuramente dei problemi».

Ralph Waldo Emerson

«La tua vita non sarà mai migliore dei progetti che fai e delle azioni che compi. Tu sei l'architetto e il costruttore della tua vita, della tua fortuna, del tuo destino».

Alfred Armand Montapert

Scopri il sistema di marketing che utilizzano aziende e professionisti che generano profitti da oltre 1.000.000€ attraverso la scala dei valori.

JAY ABRAHAM, guru assoluto del marketing a livello mondiale, sostiene che, in qualsiasi business, per crescere ci siano solo 3 modi:

1. *aumentare il numero dei clienti*

2. *aumentare il valore medio delle transazioni*
3. *aumentare la frequenza degli acquisti ripetuti – ottenendo un maggior valore residuale da ciascun cliente.*

Ovviamente ci sono tante strategie e tattiche che puoi fare, ma i funnel sono la risposta concreta per sviluppare una strategia di marketing diretto, mirato al raggiungimento di questi tre obiettivi e la **scala dei valori** è il progetto d'insieme che lega i vari passaggi.

In questo segreto, ti mostro come abbiamo "craccato" il sistema che utilizzano società e professionisti che muovono cifre da capogiro.

4.1. Il suggerimento di Tony Robbins

È risaputo che alcune aziende o professionisti hanno e stanno generando milioni di euro (o dollari) attraverso l'utilizzo del web, eppure la stragrande maggioranza di chi fa business online non raggiunge nemmeno il pareggio dei costi.

TONY ROBBINS ("il" formatore dei formatori e TOP al mondo sulla crescita personale) suggerisce un concetto molto semplice, cioè di modellare chi ha già raggiunto il successo nel campo che tu desideri.

Attenzione! Non suggerisce di copiare... ma di modellare!

I benefici nel cercare e modellare la persona o azienda che già ha raggiunto il successo nel tuo settore o business, ti permette due sostanziali benefici:

Il modello da seguire

- risparmiare parte di quella montagna di tempo e soldi che probabilmente la persona/attività

- di successo ha dovuto superare, dato che per arrivare dove è avrà già testato diversi metodi, strategie e tecniche
- puoi avere una mappa da seguire senza dover "reinventare" la ruota.

Sulla base di questo suggerimento di Tony Robbins, abbiamo iniziato ad analizzare alcuni mercati e ci siamo accorti che la maggior parte di essi seguiva un processo più o meno simile, che era quello di seguire una "scala del prezzo/valore" (SCALA DEI VALORI).

4.2. Concetto della scala del valore

Come abbiamo già visto, il classico funnel ha lo schema a imbuto rovesciato e prevede più fasi.
Quello che invece ho appreso da Russell Brunson è di pensare al tuo business non più come ad un cono ma come ad una scala (value ladder) dove più si sale (per dare servizi o prodotti di valore al cliente) più aumenta il prezzo.

La traduzione inglese di *value ladder*, infatti, è *scala del valore*, ed è un concetto che ti invito a leggere con la massima attenzione.

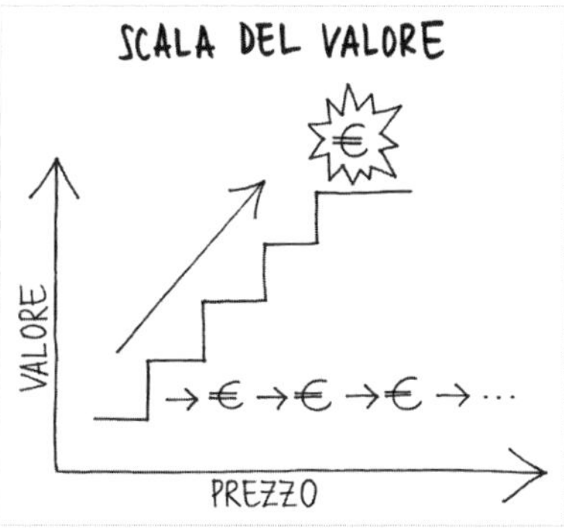

Il concetto della scala dei valori è molto semplice. Più sale la tipologia di valore che offri al cliente, più sale il prezzo. La scala dei valori ti aiuta a pensare e progettare al tuo business in modo diverso, dato che ti aiuta a ragionare sui 3 aspetti chiave evidenziati all'inizio del paragrafo da Jay Abraham per la crescita del tuo business:

1. creare gli scalini necessari per facilitare la trasformazione di un utente in **acquisizione di più clienti**

2. aumentare il valore dei prodotti e servizi da offrire in modo da **aumentare il valore della transazione**
3. "allungare" la vita del cliente, portandolo ad acquistare più prodotti o servizi e **aumentare i profitti sullo stesso cliente**.

Vediamo nel dettaglio i tre aspetti che ti aiutano a progettare la scala dei valori.

1. CREARE GLI SCALINI NECESSARI PER FACILITARE LA TRASFORMAZIONE DI UN UTENTE IN ACQUISIZIONE DI PIÙ CLIENTI

Questo è un concetto che ho più volte evidenziato ed è anche uno dei principali obiettivi della scala dei valori, ovvero quello di creare una scala di prodotti/servizi che ti permetta di raggiungere il *break even point* il prima possibile.

Quando con il primo funnel che si trova nel primo scalino della scala dei valori riesci a fare break even significa, in soldoni, che stai generando potenziali clienti a costo zero!

Nel momento in cui raggiungi il break even per acquisire clienti, tutto ciò che farai successivamente sarà puro profitto.

Ipotizziamo che tu spenda 3.000€ di investimento in pubblicità su Facebook Ads e che ti abbia generato 1.500 lead (CPL 2€), ovvero persone che hanno dimostrato interesse nel tuo messaggio (che ovviamente è in linea con ciò che venderai).
Di queste 1.500 persone, il 3% (45) acquista il tuo prodotto sul quale hai un profitto unitario di 70€.
Significa che il profitto è di 70€ × 45 = 3.150€ che pareggia appena il costo pubblicitario.

Se il tuo business avesse solo questa forma di profitto sarebbe una campagna insufficiente!
Il vero valore che hai ottenuto sono i 1.500 lead (potenziali clien-

ti) che hai acquisito ai quali potrai mandare le tue nuove offerte senza più dover spendere UN solo euro in pubblicità.

In pratica stai costruendo un database di persone interessate al tuo business a costo ZERO!

2. AUMENTARE IL VALORE DEI PRODOTTI E SERVIZI DA OFFRIRE IN MODO DA AUMENTARE IL VALORE DELLA TRANSAZIONE

Nel "mondo dei sogni" di ogni imprenditore o professionista, ogni persona alla quale offriamo il nostro servizio più costoso ha la capacità di capirne il valore, ci dà la sua immediata fiducia e accetta senza difficoltà il prezzo.

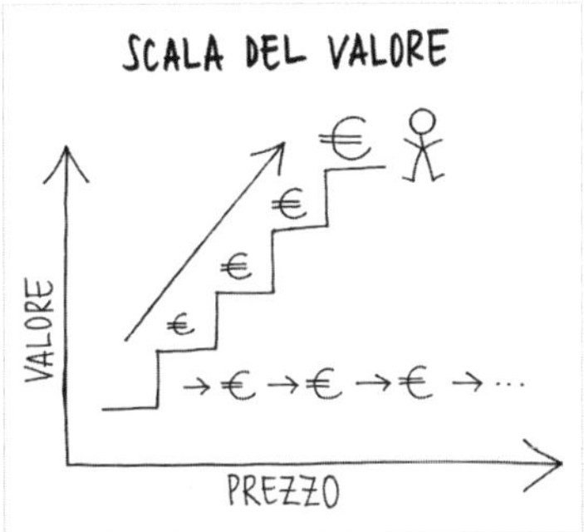

Sarebbe bello, no?!
Purtroppo però non è così e occorre fare i conti con il "mondo reale" dove ogni persona prima di acquistare deve passare attraverso determinati step:

- trovarti e darti attenzione
- capire il valore del tuo prodotto/servizio
- acquisire fiducia in te o nella tua attività.

Progettare una scala composta da scalini di prodotti/servizi intermedi che offrano ovviamente valore e che conquistano la fiducia dei clienti aiuta ad "accompagnare" il potenziale cliente verso il servizio/prodotto *high ticket* che volevi vendere.

Ti faccio un esempio personale.
Noi vendiamo un servizio di sviluppo funnel e marketing che dura 6 mesi e che ha un costo di 12.000€.
Se lo dovessi proporre attraverso un commerciale ad un "contatto freddo" che è atterrato per la prima volta su uno dei miei video o

prodotti, è normale che venga rifiutato, dato che non mi conosce, è diffidente e non sa il valore che posso apportare al suo business. È più che normale!

Il cliente che accetta di investire certe cifre è generalmente colui che ha già visto alcuni miei contenuti (video o altro), ha fatto un corso low cost o ha partecipato ad un evento live e ha capito il valore che posso dargli.

Per questo, il primo aspetto della "scala dei valori" che ti deve far riflettere è:

"Come posso creare una scala di prodotti/servizi che possa accompagnare il mio cliente al servizio principale che voglio vendere?"

ATTENZIONE!

Non sempre è necessario questo processo, dato che ci sono alcuni funnel che hanno lo scopo di vendere subito prodotti/servizi *high ticket*, ma nel momento in cui utilizzi entrambe le strategie (funnel high ticket + scala dei valori) hai il doppio delle possibilità di vendere il tuo prodotto/servizio.

3. "ALLUNGARE" LA VITA DEL CLIENTE PORTANDOLO AD ACQUISTARE PIÙ PRODOTTI O SERVIZI (POTENZIALMENTE SEMPRE PIÙ COSTOSI) IN MODO DA AUMENTARE I PROFITTI SULLO STESSO CLIENTE.

Se prima il vantaggio della scala dei valori era quello di creare una scala che accompagni l'utente ad acquistare il prodotto/servizio che volevi, in questo caso l'obiettivo è di aumentare i profitti su un cliente al quale abbiamo già venduto qualcosa e del quale abbiamo già conquistato la sua fiducia, proponendogli altri servizi aggiuntivi.

Questo perché le persone, se da te hanno ottenuto valore, sono le prime a volerne ancora.

Nella maggioranza dei casi, purtroppo, gli imprenditori hanno un solo prodotto da vendere, limitandosi così a proporre solo il prodotto di front end.

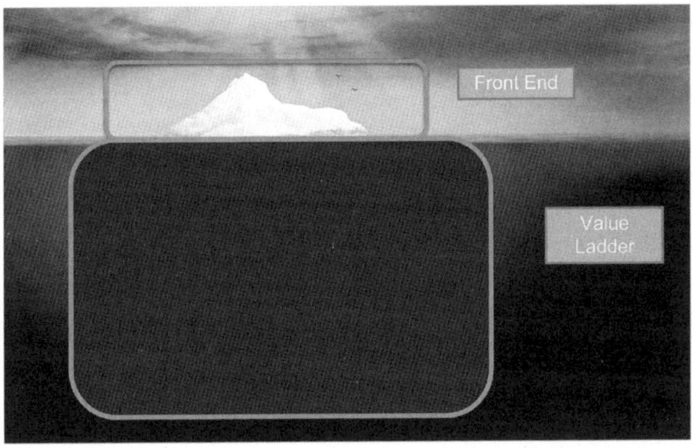

La value ladder come fase "nascosta" sotto la superficie

La verità è che i veri profitti e guadagni li fai sui prodotti di *middle e back end*, dato che molto probabilmente con il front end vai (forse!) a pareggio o in perdita.

Se vendi infoprodotti o sei un coach/consulente, allunga la tua scala dei valori con qualche prodotto/servizio aggiuntivo e rimarrai sorpreso di quante persone saranno disposte a comprare ancora da te.

La value ladder come fase da scoprire

«Gli amatori si focalizzano solo sui prodotti di front end».

Russel Brunson

Ora che abbiamo visto il concetto della scala dei valori, vediamo in modo concreto come la utilizzano le aziende e i professionisti per raggiungere profitti miliardari.

Esistono 2 macro tipologie di scala dei valori che sono:

- scala dei valori per **vendita di infoprodotti** (vendita di formazione, eventi, corsi, consulenze, ecc.)
- scala dei valori per **vendita di servizi e prodotti**.

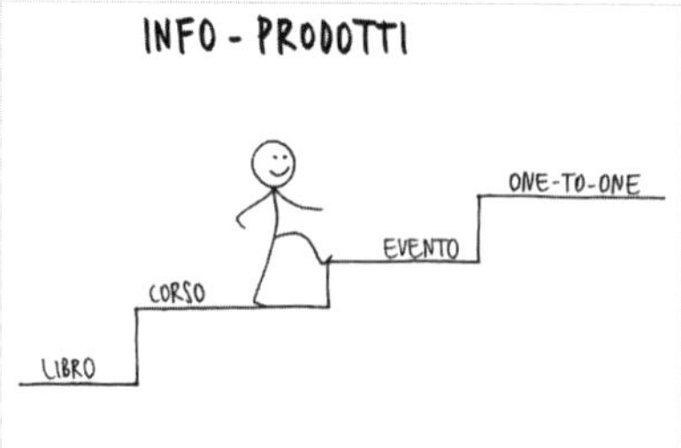

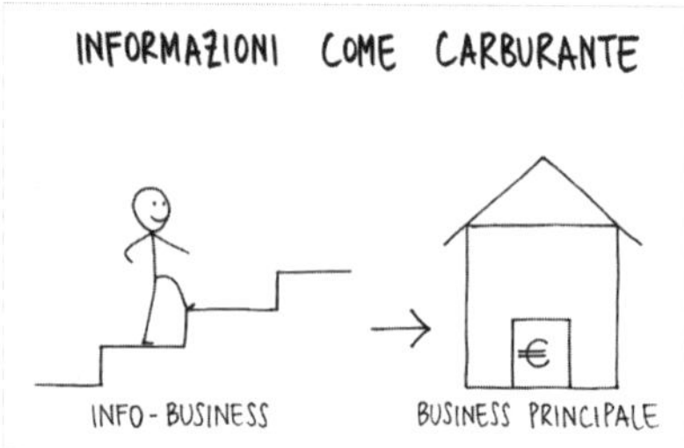

La scala del valore per infoprodotti VS servizi e prodotti

4.2.1. Scala dei valori per infoprodotti (consulenza, formazione, ecc.)

Un classico esempio di scala dei valori per la vendita di infoprodotti è quello in cui più salgono il valore e l'impegno della formazione, più aumenta il prezzo. Una scala dei valori simile è quella che hanno diversi big della formazione mondiale. Anche i Big del mercato italiano, se ci fai caso, seguono una scala dei valori simile.

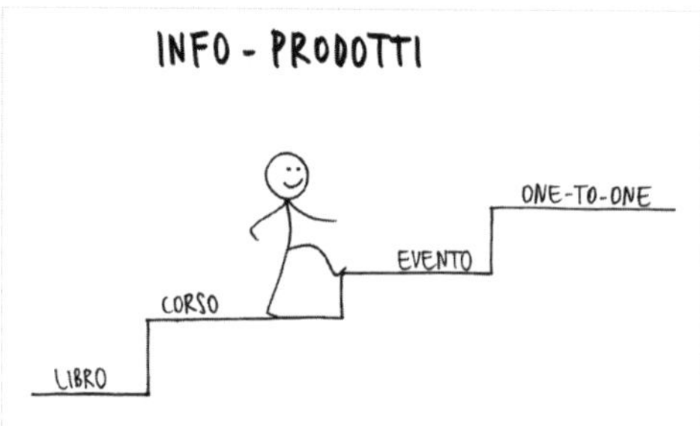

La scala del valore per infoprodotti

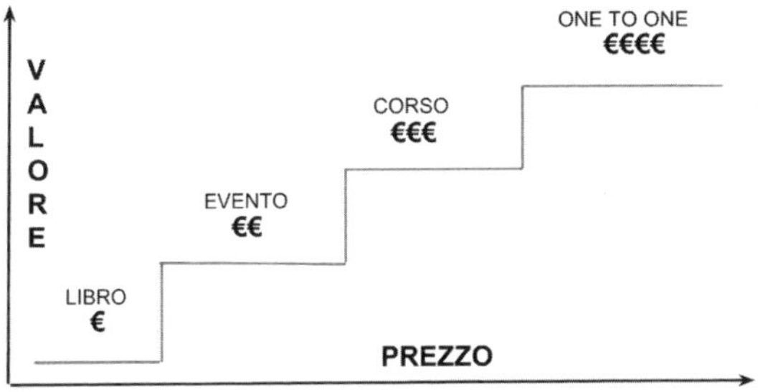

La scala del valore che utilizzano i big della formazione mondiale

Esempio di Alfio Bardolla e la scala del valore che utilizza (fonte: alfiobardolla.com)

Lo schema è più o meno sempre lo stesso per tutti.
Con il 1° step vendi un prodotto low cost che possa comunicare in modo "automatico" il tuo valore.
Spesso vi è il libro, ma può essere un piccolo corso online, un e-book in pdf, una piccola membership, insomma un qualcosa che venga prodotto una tantum e che servi a comunicare il valore che puoi offrire, ad un costo accessibile a tutti (7-37€).
Il 2° step è spesso un evento live, che abbia sempre un costo accessibile (37-197€) nel quale ci sarà tanto valore e informazioni utili ma che spesso serve a vendere un prodotto o servizio successivo.
Il 3° step è un corso di più alto valore che ha costi più alti e numeri più bassi come partecipanti. Spesso in questo scalino viene inserito quello che, di base, era il "core product", ovvero il prodotto principale che si desidera vendere.

Il 4° scalino è il prodotto high ticket per coloro che vogliono di più e hanno la possibilità di farlo.
Ci possono essere 5, 6, 7 scalini in base alla scalabilità del business.

Molto spesso con il 1° e il 2° scalino si va a break even, per avere clienti a costo zero per la vendita dei prodotti o servizi degli scalini che vanno dal 3° in su.

Ripeto!! Non conosco le strategie di marketing degli esempi che ho fatto prima. Sono semplici intuizioni fatte sui leader di settore del loro mercato.
Avendo fatto corsi con molti di questi Big e toccato con mano il valore dei loro prodotti, ho intuito che la loro scala dei valori sia più o meno così, tant'è vero che su questa abbiamo modellato la nostra.

4.2.2. Scala dei valori per prodotti/servizi

Per la formazione è abbastanza semplice applicare il concetto di scala dei valori, ma per chi vende prodotti e servizi?

In questo caso il segreto che utilizzano le grandi aziende che vendono prodotti e servizi è l'utilizzo della scala dei valori per fare break even, ottenendo il carburante per aver più budget e potere pubblicitario per vendere i prodotti o acquisire più clienti.

«Chi ha più budget per l'investimento pubblicitario per acquisire nuovi clienti alla fine VINCE!»

Dan Kennedy

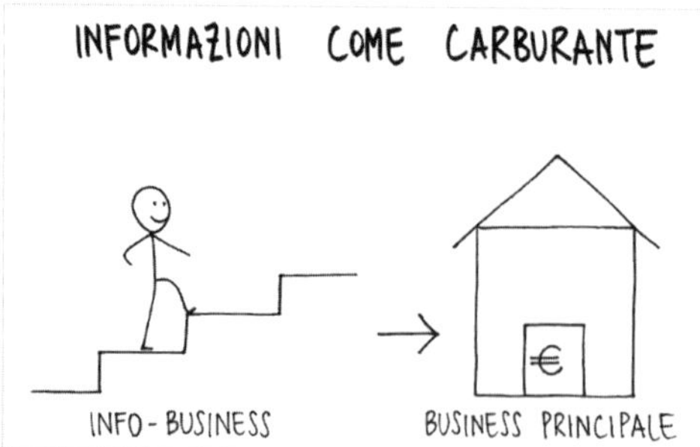

Informazioni utilizzate come carburante per il business principale

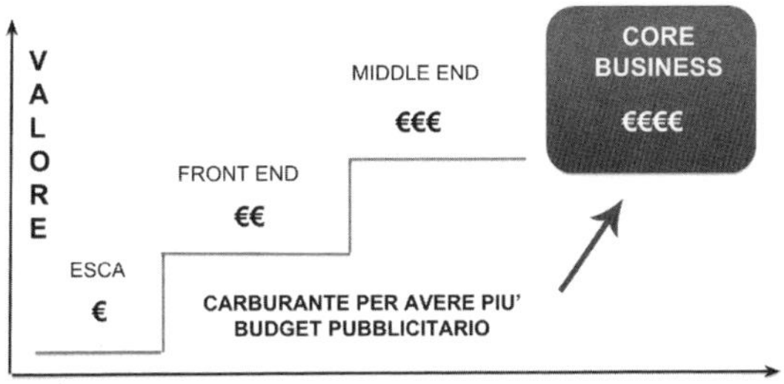

Carburante per servizi/prodotti

L'importanza di avere budget da investire

Di seguito alcuni esempi in diversi settori e mercati.

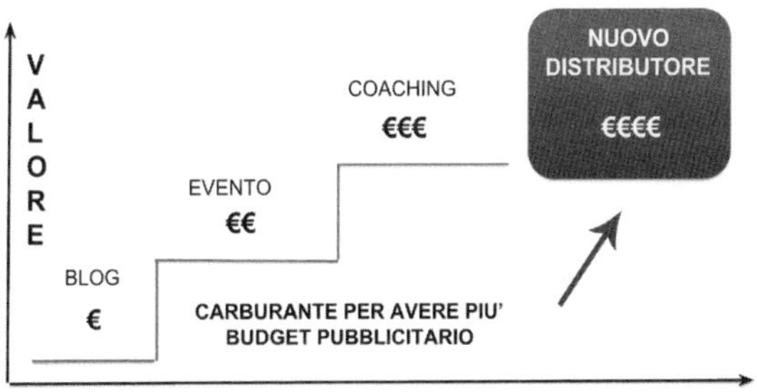

Carburante per network marketing

Come vedi la scala dei valori applicata a chi vende prodotti in **NETWORK MARKETING** (o ricerca distributori) è simile a quella degli infoprodotti dove il 1° step è quello di creare "consapevolezza" ad un pubblico in linea con gli obiettivi.

Il 2° step è quello di portarli ad un evento live o incontro e lo step successivo è quello di convincere le persone interessate ad acquistare il prodotto/servizio promosso in networking o proponendo di diventare distributore.
Questa scala dei valori ci è stata mostrata da un famoso networker americano come suo processo di marketing.

Carburante per studio dentistico

Questa scala dei valori è applicata a tutti i **PROFESSIONISTI** che possono "fidelizzare" un cliente fornendo servizi low cost in prima fascia (dove spesso il professionista non è parte di esso ma sono servizi sviluppati da colleghi), ma serve per pareggiare i costi ed acquisire clienti da fidelizzare.

Carburante per vendita di integratori alimentari

Anche in questa SdV (scala dei valori) lo schema prevede prima un processo di educazione, formazione e consapevolezza del target per portare le persone ad acquistare il prodotto offerto (in questo caso **INTEGRATORI ALIMENTARI**).

Lo stesso schema è applicabile a vari settori dove occorre vendere un prodotto o servizio. Lo scopo è sempre lo stesso:

1. attirare utenti in target
2. educarli
3. proporre step intermedi che portino break even sui costi ma che azzerino il costo di acquisizione cliente
4. vendere il prodotto/servizio che si desidera.

Carburante per vendita di prodotti finanziari

Carburante per vendita di software

4.2.3. I 3 obiettivi fondamentali della scala dei valori

Ora che le idee sono più chiare sulla scala dei valori e su come progettare la crescita del tuo business attraverso i 3 modi che ha segnalato Jay Abraham, ricorda che dovrai sempre tenere a mente 3 obiettivi per il suo utilizzo:

1. FOCALIZZARSI SUL BREAK EVEN POINT NEL PRIMO SCALINO

Il primo funnel che DEVI realizzare è quello che ti permette di arrivare a break even.
Se trovi la formula giusta per avere clienti a costo zero, il tuo business diventa più profittevole e sostenibile.

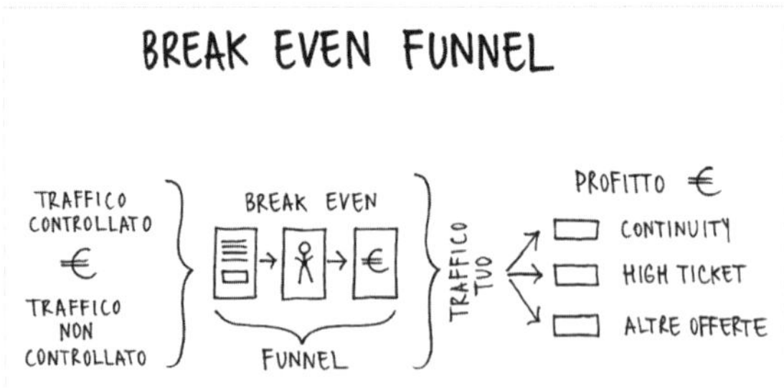

2. CAPIRE PER OGNI SCALINO DELLA TUA SCALA DEI VALORI QUALE SIA IL FUNNEL PIÙ INDICATO

Come ormai avrai imparato, non esiste un solo funnel ma un insieme di funnel con obiettivi diversi che portano ad un macro risultato di business.

3. AVERE UN PROCESSO DI CONNESSIONE DEI VARI FUNNEL CON UNO SCHEMA BEN PRECISO

Avere un sistema generale che possa legare tutto il processo di web marketing è uno dei segreti più efficaci che ti possa dare perché permette di avere una visione di insieme (che spesso manca a tante aziende che operano nel web).

Per aiutarti a sviluppare il tuo macro sistema di web marketing ed adattarvi il funnel più indicato, seguimi nel **SEGRETO N. 2**, dove ti mostro *lo schema a 9 fasi per progettare e sviluppare il funnel più efficace per il tuo business.*

UN MINUTO DI RIPASSO

In questo capitolo abbiamo imparato i seguenti concetti:

- l'importanza della **scala dei valori** per lo sviluppo strategico di un business di successo
- 3 modi per crescere suggeriti da **Jay Abraham** e come la scala dei valori ti **aiuta a progettarli**:
  - aumentare il **numero dei clienti**
  - aumentare il **valore medio delle transazioni**
  - aumentare la **frequenza degli acquisti ripetuti** ottenendo un maggior valore residuale da ciascun cliente.
- le 2 tipologie di scale dei valori per la vendita di **info-prodotti (formazione, coaching, consulenza)** o per la **vendita di prodotti o servizi**
- i **3 obiettivi fondamentali** della tua scala dei valori:
  - raggiungere il prima possibile il break even
  - identificare il funnel più adatto allo scalino in cui nella scala dei valori
  - avere un processi di connessione tra i vari funnel nei diversi scalini.

PASSA ALL'AZIONE!

Arrivato a questo punto ti consiglio di fare una pausa nella lettura e andare nella sezione aggiornata di supporto al libro:

FunnelMarketingFormula.it/risorse

In 10-15 minuti potrai:

1. fare esercizi collegati al capitolo
2. mettere in pratica subito i concetti espressi e assimilare al meglio le informazioni che ti ho mostrato
3. vedere i video di approfondimento.

L'esercizio di questa sezione è molto importante è ed quello di scaricare in pdf la scala dei valori e progettare il tuo business per applicare i 3 modi di crescita che suggerisce Jay Abraham.

Ti aspetto nella sezione online! :-)

5. Segreto n. 2
Crea la tua mappa con lo schema a 9 fasi per progettare e sviluppare una strategia di marketing efficace attraverso i funnel

«Un programma difende dal caos e dal capriccio».

Annie Dillard

«Non fare piccoli progetti; non hanno la magia di scaldare il sangue degli uomini e probabilmente non saranno mai essi stessi realizzati. Fai dei grandi progetti; mira alto nella speranza e nel lavoro, ricordando che un progetto nobile e logico, una volta registrato, non morirà mai, ma resterà a lungo una cosa viva per molto tempo dopo che noi ce ne saremo andati, affermando se stesso con un'insistenza sempre crescente».

Daniel Hudson Burnham

5.1. Formula del successo

Abbiamo visto cosa sono i funnel e come poterli applicare ad una scala dei valori per progettare un business profittevole.
In questo segreto n. 2 vorrei darti la "mappa" e gli elementi da utilizzare per mettere in pratica la tua strategia d'azione.

A volte, parlando con colleghi o imprenditori o professionisti, ci si confronta su strategie viste da uno piuttosto che un altro. Tutto figo, ma la semplicità rimane la cosa migliore e in questo schema è racchiusa la "formula del successo" per ogni tipologia di business.

Questa formula è composta da 4 step che sono:

CHI, DOVE, COSA, COME.

1. **CHI** è il tuo target: a chi parli e per chi vuoi pianificare il marketing per vendere i tuoi prodotti o servizi
2. **DOVE** è il canale dove potrai trovare le persone che cerchi
3. **COSA** è la tipologia di esca che puoi utilizzare per catturare la sua attenzione e ottenere l'autorizzazione per poter comunicare con lui/lei nel tempo
4. **COME** è la tipologia di scala dei valori che puoi progettare per portare la persona ad acquistare da te sempre più volte e con transazioni maggiori.

Aver bene in mente questi 4 step è alla base di una strategia di marketing.

5.2. Introduzione alle 9 fasi dei funnel di marketing

Sulla base della "formula per il successo" che abbiamo appena vi-

sto, il mio team ed io ci siamo operati per creare uno schema di lavoro che potesse essere adatto alla stragrande maggioranza dei business.
Col tempo e l'esperienza, abbiamo sviluppato questo **"sistema" a 9 fasi** che compongono una *strategia generale basata sui funnel* e che guida nello sviluppo di un progetto.

Preparati perché questo è un capitolo lungo ed impegnativo, ma se seguirai passo passo le varie fasi (e farai gli esercizi online), alla fine di esso avrai la TUA mappa e gli elementi per renderla concreta.

Le 9 fasi sono un **percorso progettato** che guida gli utenti in vari passaggi connessi tra loro e sono divisi in:

1. **PRE-FUNNEL**
2. **FUNNEL**
3. **POST FUNNEL**

Questo perché molti marketer si limitano a vedere il funnel come unico strumento, ma prima e dopo di esso ci sono passaggi chiave che dovresti sviluppare per il tuo business.

Le 9 fasi sono:

1. **ANALISI PRE-FUNNEL**
2. **ANALISI DEL TRAFFICO**
3. **BRIDGE MARKETING**
4. **LIST BUILDING**
5. **OFFERTA**
6. **VALUE LADDER**
7. **REFERRAL MARKETING**
8. **CONTENT MARKETING**
9. **ANALISI RISULTATI KPI.**

Per ogni fase, ti elencherò quelli che sono gli elementi che puoi utilizzare in modo da poter costruire il tuo funnel, montandolo esattamente come il Lego.

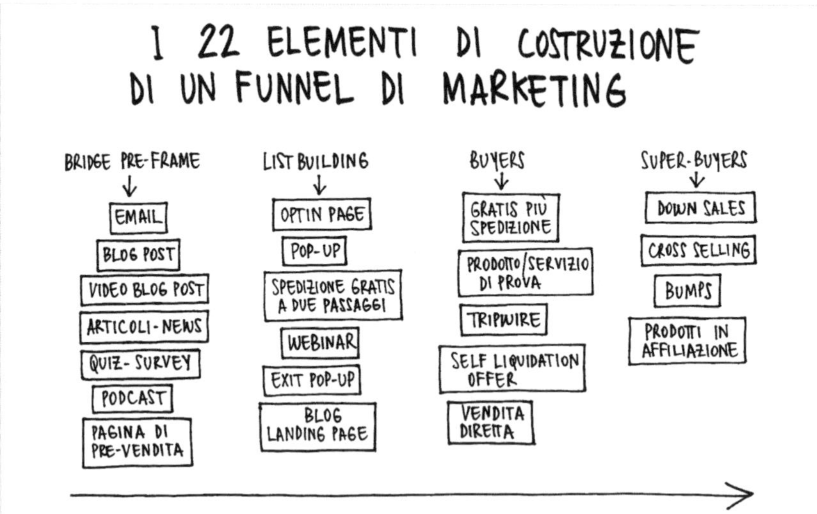

Elenco degli elementi che puoi utilizzare nelle 9 fasi che compongono i funnel di marketing

I 22 elementi mostrati in figura sono i "pezzi" che compongono la tua strategia di funnel che potrai utilizzare per fare test e modifiche varie.
Prima di spiegarti ognuna delle 9 fasi e gli elementi che la compongono, vorrei condividere un concetto molto importante per capire la consecutività dei vari passaggi attraverso il concetto del *pre-frame* (utilizzato in PNL) e il "peso" del clic.

5.2.1. Pre-frame e il differente "peso" del clic

Abbiamo visto quanto sia diventato importante (per non dire indispensabile!) creare un sistema per trasformare un perfetto sconosciuto in un cliente che voglia acquistare da te.
Una funnel ben costruito è composto da più passaggi e segue il concetto PNL (Programmazione Neuro Linguistica) del *pre-frame*, come l'elemento che può cambiare lo stato mentale di una persona e che porta a modificare le azioni o le risposte delle persone.

Facciamo un esempio concreto.
Ipotizziamo che un tuo amico di fiducia ti giri una mail dicendo:

"Guardati questo Michele Tampieri che ha degli spunti davvero interessanti per la tua attività e sul web marketing..."

Ovviamente il tuo stato mentale sarebbe molto propositivo nei miei confronti e molto probabilmente saresti più facilitato a investire pochi euro per avere il mio libro, giusto?

Ipotizziamo il contrario, ovvero che lo stesso amico ti dovesse dire di me che sono un truffatore che dice cavolate sul marketing. Il tuo approccio, in questo caso, sarebbe di molta diffidenza e per la stessa pagina, per lo stesso libro, allo stesso prezzo non saresti propenso all'acquisto, vero?!
Questo è il concetto del pre-frame che nel web è molto importante ed è anche il motivo per cui, in una corretta progettazione di un funnel di marketing, *è fondamentale preparare lo stato mentale di*

un utente e trasformarlo, nei vari passaggi, fino a farlo diventare cliente.

Qui nasce uno dei concetti fondamentali dei funnel, ovvero che **NON TUTTI I CLIC SONO UGUALI!**

Il funnel ha lo scopo di creare un pre-frame positivo e trasformare l'utente in cliente pagante, attraverso 9 fasi che sono una successiva all'altra.

Ora che abbiamo chiarito l'importanza della consecutività dei vari passaggi e il "peso" del clic, possiamo partire con la spiegazione di ogni singola fase.

5.3. Fase n. 1 – Analisi

> *«Non conosco una via infallibile per il successo, ma una per l'insuccesso sicuro: voler accontentare tutti».*
>
> Platone

La fase di analisi all'interno delle 9 fasi dei funnel di marketing

Il primo step di ogni funnel è l'analisi.
Lo so! È una parte noiosa ma è importante!

Non ti nego che in passato spesso mi sono fatto prendere dall'entusiasmo del lancio di un determinato business o prodotto online senza aver fatto analisi e tutte le volte ne ho pagato le conseguenze.
Sono tanti gli imprenditori e professionisti che non fanno analisi prima di partire con un progetto, e forse è anche questo il motivo per cui tante PMI chiudono entro i primi 3 anni.
Diciamo che noi italiani siamo amanti della creatività... e un po' meno dell'analisi, ma con il funnel avrai la possibilità di pianificare il tuo progetto e i risultati in modo preventivo.
Ancora prima di investire un solo euro in pubblicità.
Ancora prima di investire una sola ora del tuo tempo.

Nel nostro corso specifico sui funnel di marketing ne parliamo approfonditamente, tuttavia ti invito a leggere questo capitolo con attenzione perché troverai diversi passaggi che seguiamo per sviluppare funnel.

5.3.1. Analisi di business

L'analisi di business è quel veloce studio che puoi fare per identificare alcuni aspetti fondamentali del tuo business e capire quale sia il funnel più indicato per esso.

Ci sono 5 domande a cui devi rispondere:

- chi è il tuo cliente ideale?
- dove lo puoi "intercettare" come traffico?
- come puoi catturare la sua attenzione?
- quale esca devi utilizzare per attirarlo?
- quali risultati vuoi che ottenga?

Queste 5 risposte ti guideranno nel modo più semplice a orientare il tuo business verso il cliente e non verso il tuo prodotto o servizio.

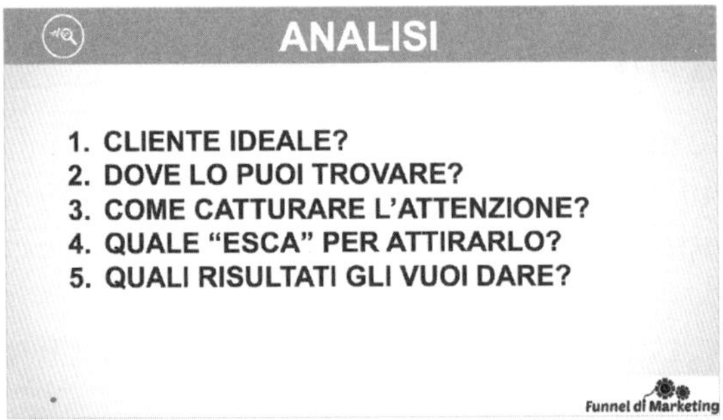

Le 5 domande fondamentali della fase di analisi

5.3.2. Analisi: cliente ideale

Il cliente ideale è il target preciso di persone che vuoi che entrino nel tuo funnel. Un business che si rivolge a tutti... in realtà non si rivolge a nessuno.
NON avere chiaro a CHI stai destinando il tuo tempo, le tue risorse, i tuoi soldi è come voler fare un viaggio senza sapere la destinazione.

Per farlo ti suggerisco di creare un "avatar" della persona ideale rispondendo ad alcune domande:

- età?
- sesso?
- che tipologia di persona è?
- che lavoro fa?
- che reddito ha?
- quali problemi riscontra?
- che cosa desidera?
- che problemi ha?
- che soluzione cerca?

Se rispondi a questi quesiti avrai un'idea più chiara su cosa realmente devi fare per avere successo nel tuo business.

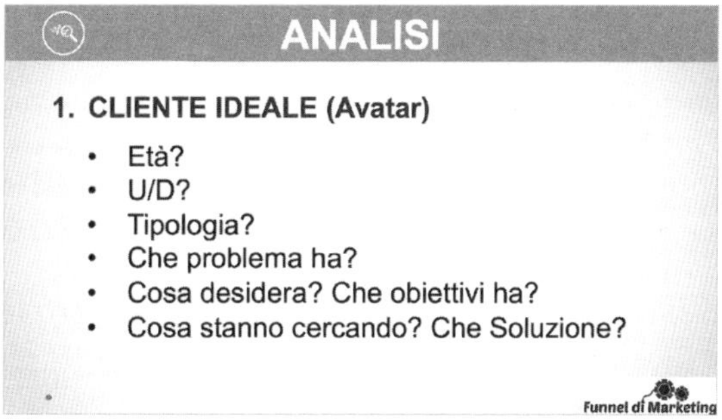

Le domande per identificare il cliente ideale

Ti faccio qualche esempio.
Se hai un ristorante di pesce di alta qualità, le risposte alle domande precedenti che ti guidano all'identificazione del cliente ideale potrebbero essere:

> *Uomo e donna di 40 anni, con un reddito medio-alto. Amante della buona cucina. Attento alla salute e al benessere. Il problema che il ristorante di pesce risolve è quello di non aver voglia di cucinare nel week end e passare una bella serata di relax in compagnia, molto spesso minimale (coppia o amica/o). Non vuole confusione ma un ambiente elegante, rilassante e piacevole. Cerca accoglienza, gentilezza nello staff e ovviamente una buona cucina di pesce con piatti originali. È amante del vino e apprezza qualche vino particolare abbinato ai piatti a sua volta particolari che ama ricercare.*

Capito come funziona?
Se io fossi il ristoratore di questo locale di alta qualità punterei non solo a offrire pesce freschissimo, ma curerei l'ambiente, vorrei personale capace, gentile e preparato nello spiegare i piatti particolari che lo chef dovrebbe proporre.
In definitiva, l'analisi del cliente ideale aiuta a pensare al cliente e non al tuo prodotto o servizio (errore comunissimo!).
Vediamo ad esempio il mio avatar per il negozio online che vende le mascotte:

> *Azienda che fattura almeno 50.000€/anno, con visione di comunicazione intraprendente. Promuove un prodotto per famiglie e consumatori (B2C). È presente nel web. Il suo problema è l'aver percepito che la*

mascotte è un canale di comunicazione originale e d'effetto ma non sa come fare e a chi rivolgersi. Non vuole solo un costume ma anche assistenza, consulenza e consigli pratici. Vuole vedere la mascotte ancora prima di farla per capire se il messaggio (ovvero il proprio logo o immagine) è valido. Infine vuole un riferimento anche per il post acquisto per sapere come lavarla o come aggiustarla in caso di problemi e usura.

Bene! Idealizzando il mio cliente ideale ho spostato la mia comunicazione su un prodotto di qualità ma soprattutto su un servizio pre, durante e post vendita eccellente.
La gentilezza e pazienza del mio staff di vendita è l'elemento che ci ha posizionato tra le società leader nel settore con clienti di un certo livello (Barilla, Mapei, Eden Viaggi, Cabarezza, Coca cola, ecc.).
Non mi sono focalizzato su prezzi competitivi... ma su un buon rapporto qualità/prezzo/servizio.
Spero ti sia arrivato il messaggio!
Fai l'analisi del tuo cliente ideale, quindi, per chiarire le idee su CHI vuoi attirare e come soddisfarlo al 100%.
Per aiutarti nello sviluppo del tuo avatar, puoi rispondere in modo autonomo alle domande che ho scritto prima.

5.3.3. Analisi: dove lo puoi intercettare?

L'analisi del cliente ideale aiuta il punto successivo, ovvero quello di capire dove lo si può intercettare.
Se non sai il CHI, difficilmente sai il DOVE.

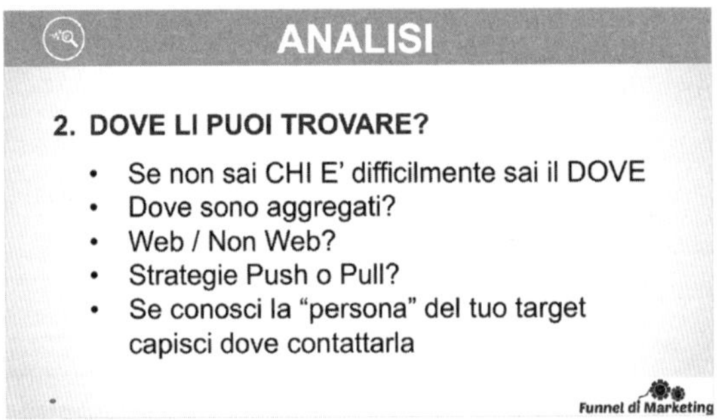

Le domande per trovare il cliente ideale

Ovviamente è un aspetto fondamentale perché rappresenta il "carburante" che darai alla tua "macchina" (funnel).
Per esempio, Facebook, Google Adwords, Email, LinkedIn, ecc. sono diverse tipologie di "carburante" ed è importante avere ben chiaro CHI vogliamo intercettare per non sprecare soldi e tempo. Del traffico ne parleremo in seguito nella fase dedicata, ma il mio suggerimento è di analizzare e valutare la forma di carburante, ancora prima di sviluppare il tuo funnel.

Per analizzare il canale più efficace per intercettare il tuo pubblico (pensando al tuo cliente ideale) prova a rispondere alle seguenti domande:

- dove trovi aggregati i tuoi clienti ideali?
- nel web o offline?
- quale carburante devo utilizzare?
- quale mio concorrente posso analizzare per capire come si muove?

5.3.4. Analisi: come catturare la sua attenzione?

Ogni giorno siamo bombardati da migliaia di messaggi pubblicitari di ogni tipo.
In mezzo a questo "rumore", diventa importante saper catturare l'attenzione del nostro cliente ideale.
Possiamo avere anche il miglior prodotto e funnel ma se non catturiamo la sua attenzione, tutto il vantaggio che ci può dare il funnel risulta vano.

Come fare dunque per catturare la sua attenzione?

Prova a pensare ai giornali scandalistici.
Utilizzano immagini e frasi che incuriosiscono ma che nello stesso tempo "scremano" la tipologia di contatti da portare dentro il funnel.

Per procedere con questa analisi, prova a rispondere alle seguenti domande:

- che messaggio forte potrebbe catturare la sua attenzione?
- quale problema potrebbe avere da evidenziare?
- quale soluzione al problema potremmo subito evidenziare?
- quale offerta o proposta shock ho da offrire?

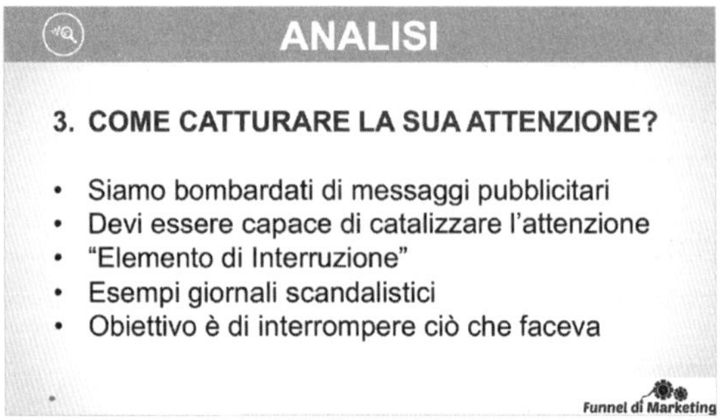

Le domande per catturare l'attenzione del cliente ideale

5.3.5. Analisi: quale esca per attirarlo?

Già in questa prima fase, ti invito a valutare quale potrà essere la tipologia di esca che vuoi offrire per iniziare a creare una relazione con il tuo potenziale cliente.
Provare a vendere direttamente è difficilissimo!
Gli indici di conversione potrebbero essere anche dello 0,1%, sprecando il 99,9% dei tuoi investimenti pubblicitari.
Ogni funnel parte da un punto chiaro, che è quello di acquisire l'email dando prima valore e poi iniziare la relazione con il potenziale cliente, per offrire i propri prodotti e servizi (sia in tempi brevissimi che nel lungo termine).
Qual è un'esca che puoi utilizzare per dare valore?
Potrebbe essere un video training, un ebook, un libro, un template, una prova gratis, ecc.

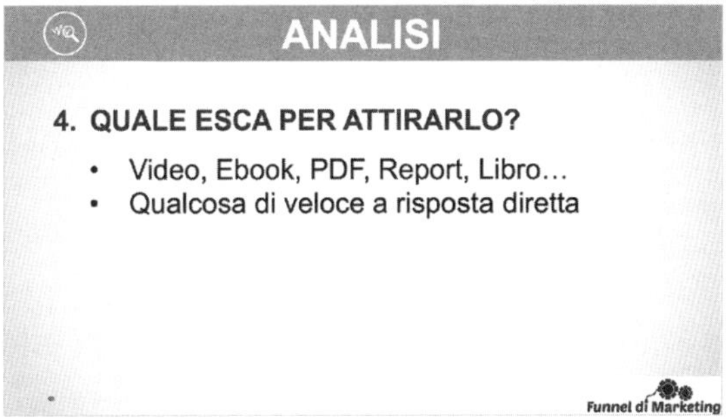

Le domande per identificare l'esca giusta da utilizzare

Ne parleremo approfonditamente della FASE 4 di LIST BUILDING ma è un aspetto che, come gli altri, devi saper valutare ancora prima di partire con il progetto.
Per sviluppare questa fase potresti rispondere a queste domande:

- come potrei in poco tempo dare valore al potenziale cliente?
- quale mezzo è quello più indicato per lui (libro, post, video, corso, check list, ebook, call one to one, ecc.)?

5.3.6. Analisi: che trasformazione vuoi fargli ottenere?

Ok! Abbiamo identificato il cliente ideale.
Abbiamo definito la sorgente di traffico e diffusione per comunicare ad esso.
Abbiamo valutato come catturare la sua attenzione e quale esca possiamo offrire per aver il suo permesso per iniziare ad avere una relazione con esso.
Ora manca l'ultimo aspetto che dobbiamo considerare prima di partire con investimenti e risorse, ovvero quello di "progettare" la trasformazione che vogliamo ottenga con la nostra esca.
In linea di massima l'esca (che tecnicamente la chiameremo *tripwire*) ha lo scopo di educare il potenziale cliente a capire il valore e i vantaggi che può ottenere attraverso il nostro prodotto o servizio.
Questo aspetto verrà approfondito nelle fasi successive attraverso il segreto n. 3 dei **BIG FIVE**.

Per procedere anche con questa tipologia di analisi, potresti rispondere alle seguenti domande:

- che messaggio vorrei che arrivasse al potenziale cliente?
- che argomenti e linguaggio dovrei sviluppare?
- cosa dovrebbe capire per percepire il valore della mia offerta?
- quale trasformazione dovrebbe riscontrare tra il prima di entrare nel mio funnel e il dopo aver ricevuto tutte le informazioni?
- quali conoscenze educazionali deve aver appreso?

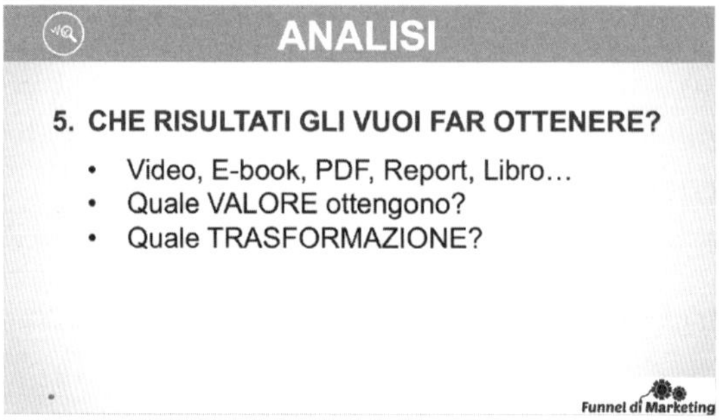

Le domande per capire i risultati da far ottenere al cliente ideale

Questa era la parte di analisi inerente al business e, se hai risposto alle domande per ogni singolo step, avrai sicuramente un'idea più chiara del marketing che dovrai realizzare (orientato al cliente e non al tuo prodotto o servizio).
Sembra banale ma, in questi anni, con la mia società Lead Generation Italia, ho parlato con decine di clienti e la maggior parte di essi era piuttosto impreparata su questi aspetti.
Quindi, se ancora non l'hai fatto, alla fine di questo capitolo armati di carta e penna e rispondi alle domande.
Considera che, a mio avviso, la parte di analisi in pre-funnel è la parte più importante di un funnel perché è l'unico modo per assottigliare i rischi di fallimento del funnel stesso. Nel SEGRETO n. 3 tratteremo in modo più approfondito questa fase, aggiungendo alla parte appena descritta, il sistema dei BIG5.

UN MINUTO DI RIPASSO

In questo capitolo abbiamo imparato i seguenti concetti:

- chi è il tuo cliente ideale
- dove lo puoi "intercettare" come traffico
- come puoi catturare la sua attenzione
- quale esca devi utilizzare per attirarlo
- quali risultati vuoi che ottenga

PASSA ALL'AZIONE!

Arrivato a questo punto ti consiglio di fare una pausa nella lettura e andare nella sezione aggiornata di supporto al libro:

FunnelMarketingFormula.it/risorse

In 10-15 minuti potrai:

1. fare esercizi collegati al capitolo
2. mettere in pratica subito i concetti espressi e assimilare al meglio le informazioni che ti ho mostrato
3. vedere i video di approfondimento.

L'esercizio di questa sezione è quello di analizzare il tuo business per identificare su CHI impostare il marketing per vendere i tuoi prodotti e servizi.

Ti aspetto nella sezione online! :-)

5.4. Fase n. 2 – Traffico

«L'esperienza è un'insegnante severa: prima ti fa fare il test e poi ti spiega la lezione».

Anonimo

Ricordi quando ti parlavo della pre-frame nei funnel di marketing?

Ogni step anticipa e prepara a quello successivo, quindi la fase di analisi che abbiamo visto precedentemente risulta fondamentale per questa fase del traffico, indiscutibilmente uno dei momenti chiave del processo.

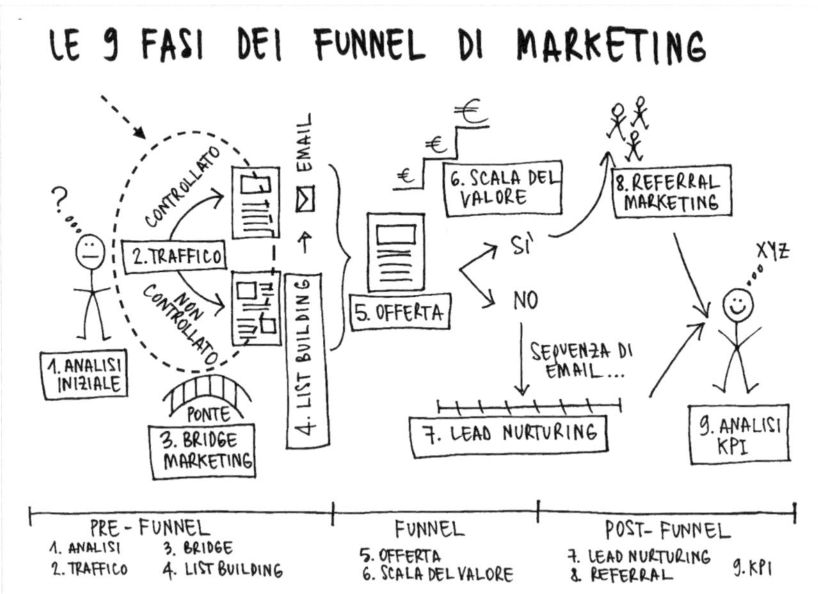

La fase di traffico all'interno delle 9 fasi dei funnel di marketing

Questo è un argomento talmente vasto che dovrebbe occupare un libro intero, non a caso i testi che lo trattano sono forse quelli più diffusi.

Questo libro però parla di funnel e il taglio che voglio dare a questa fase sarà leggermente diverso dagli altri.

La prima considerazione che condivido è che il traffico NON è un problema.

Rispetto a qualche anno fa quando i canali per diffondere il proprio business online erano pochi (directory, Google Adwords e SEO per citarne alcuni), con l'avvento dei social e di database sempre più profilati, ogni business online ha a disposizione svariati canali di traffico.
Le possibilità di intercettare il proprio target sono svariate ed è conveniente testare più canali per valutare quello più idoneo ma per avere traffico è sufficiente andare al "mercato" del traffico e scegliere quello che si desidera.
Basta pagare!

Il problema, quindi, non è né il traffico né il canale da utilizzare, MA il fatto di comprare bene e ottimizzare al meglio ogni singolo euro di investimento.

Per questo ritengo che i funnel siano lo strumento più efficace per ottenere questi due grandi vantaggi:

1. la capacità di trasformare il traffico acquistato al "mercato" in traffico di "proprietà" (tramite l'acquisizione delle email), in modo da poterlo utilizzare tutte le volte che si vuole senza più dover pagare
2. misurare e massimizzare il ROI (ritorno sull'investimento) per avere più "potere d'acquisto" sull'acquisizione dei potenziali clienti.

Per capire questi due aspetti fondamentali per il successo di ogni attività che comunichi online, occorre che chiarisca, prima di tutto, alcuni aspetti inerenti al traffico.

Al di là dei canali che puoi utilizzare (Facebook Ads, PPC, SEO, CEM, ecc.) esistono 2 diverse distinzioni che ti saranno molto utili nel progettare il tuo funnel:

- tipologie di traffico
- calore del traffico.

5.4.1. Tipologie di traffico

Esistono 3 diverse tipologie di traffico:

1. traffico che CONTROLLI
2. traffico che NON CONTROLLI
3. traffico che POSSIEDI.

Il **traffico che controlli** è la tipologia di traffico di cui puoi decidere il:

- dove
- volume
- quando.

Il **DOVE** perché potrai decidere su quale sito, landing page, ecc. vuoi destinare il tuo traffico.
Il **VOLUME** perché in base al tuo budget potrai definire quanto traffico potrai generare.
Il **QUANDO** perché potrai stoppare o attivare le campagne quando lo desideri.

Come vedi ci sono molti aspetti positivi, ma ce ne sono anche di negativi dato che costa (...e costerà sempre più!).
Esempi di traffico che controlli sono:

- **FACEBOOK ADS**
- **GOOGLE ADWORDS**
- **CAMPAGNE DEM**
- **LINKEDIN ADS**
- **ECC**

Caratteristiche del traffico che controlli

Il **traffico che non controlli** è quella tipologia di traffico di cui non hai il controllo (dove, volume e quando).
Fanno parte di questa tipologia di traffico:

- SEO
- SOCIAL MEDIA
- BLOGGING
- VIDEO SU YOUTUBE
- ECC

Questo è un traffico utile e valido come il precedente, ma non puoi decidere quale sia la direzione.
Non puoi stabilire il volume che vorresti generare e nemmeno quando attivarlo o sospenderlo.
Il vantaggio di questa tipologia è che spesso è gratis!

Caratteristiche del traffico che non controlli

Infine vi è il **traffico che possiedi** che rappresenta il traffico che puoi controllare (dove, volume e quando) ma che diventa per te gratis!

Caratteristiche del traffico che possiedi

È il traffico migliore in assoluto e coincide con il *primo scopo di ogni funnel, ovvero trasformare traffico controllato e traffico non controllato in traffico che possiedi, attraverso il break even funnel.*

Non ha aspetti negativi, anzi più ne hai e meglio è!

Questo concetto, ti prepara per la fase successiva, ovvero quella della **LIST BUILDING** (che vedremo a breve), ma prima voglio trattare la seconda diversificazione in termini di traffico, ovvero il calore del traffico.

5.4.2. Calore del traffico

Una volta vista la tipologia di traffico e capito che il migliore è quello che possiedi, è bene comprendere che la "temperatura" del traffico è l'altro elemento che risulta essere fondamentale per ottenere risultati con il proprio funnel.

La temperatura del traffico può essere distinta in:

- traffico FREDDO
- traffico TIEPIDO
- traffico CALDO.

Il calore del traffico

Il **TRAFFICO FREDDO** è quella tipologia di traffico composto da perfetti sconosciuti, che non sanno chi sei, cosa fai, che servizi puoi offrire, ecc.

Il **TRAFFICO TIEPIDO** è formato da chi non ti conosce ma che viene introdotto da partner che ti hanno promosso e che hanno già una relazione con gli utenti.

Il **TRAFFICO CALDO** invece è quella tipologia di traffico di persone che già conoscono chi sei, cosa fai e che cosa offri.

Essendo un aspetto chiave di ogni funnel, entriamo più nello specifico.

5.4.2.1. Traffico freddo

Caratteristiche del traffico freddo

Il traffico freddo è il classico traffico promosso da azioni pubblicitarie o comunque formato da chi per la prima volta capita nelle tue pagine web.
Questa persona non ti conosce. Non sa chi sei, cosa puoi fare, che soluzioni offri, ecc.
Gestire questa tipologia di traffico è uno degli aspetti più delicati di ogni funnel perché il rischio di non "scaldare" l'utente e perderlo per sempre è molto più comune di quanto si possa pensare.
Quando parlo con gli imprenditori, il traffico è il primo argomento che mi viene richiesto, eppure a molti sfugge il fatto che se si genera traffico senza trasformarlo in traffico di proprietà (e quindi scaldarlo) diventa difficile vendere.
Se hai già fatto campagne pubblicitarie online, quante volte ti è capitato di sprecare gran parte del budget senza avere risultati?
Spesso il problema è proprio questo, ovvero sperare che il traffico a freddo compri subito i nostri prodotti.
Nella maggior parte dei casi, il traffico a freddo potrebbe avere la consapevolezza del problema ma non della soluzione (perché non conoscono la tua) ed è diffidente.

Il copy che devi utilizzare negli annunci, titoli e nel testo delle pagine deve essere più improntato sul problema, in modo da creare reciprocità con l'utente. Si deve sentire capito nei suoi problemi.
Il traffico freddo è il più difficile da gestire perché ci si trova all'inizio di un rapporto, ma se sei in grado di trasformarlo in traffico tiepido o caldo, allora il tuo business può letteralmente decollare!

5.4.2.2. Traffico tiepido

Caratteristiche del traffico tiepido

Il traffico tiepido è una tipologia di traffico composto da persone che non ti conoscono bene (o non ti conoscono proprio) ma c'è qualcuno di loro fiducia che parla di te in modo positivo, creando un pre-frame positivo nei tuoi confronti.
Ipotizza che un amico ti parli bene di un ristorante che tu non conosci. È facile che tu vada in questo ristorante con un pre-frame positivo proprio per il "passaparola" positivo ricevuto dal tuo amico.
Il traffico tiepido è classico delle *joint venture* e delle affiliazioni dove proprietari di liste (traffico che possiedi!) invitano i propri follower a visitare una determinata pagina dove spesso vi è un'offerta e, in caso di acquisto, ricevono una parte dei profitti.

5.4.2.3. Traffico caldo

Caratteristiche del traffico caldo

Il traffico caldo è il traffico composto da persone che già sanno chi sei e cosa fai. Hai già creato con loro una relazione.
Conoscono sia il problema che la soluzione che offri per risolverla.
Sono quelle persone che sono già entrate nella tua lista attraverso una campagna che hai fatto oppure hanno visitato il blog, sito, ecc.
Gestire il traffico caldo è la cosa più semplice dato che i tassi di apertura sono più ampi, non c'è diffidenza nei tuoi confronti e puoi parlare in modo più conciso e diretto.
Ora che abbiamo visto le diverse tipologie di traffico, vediamo come "prepararle" alla fase successiva, attraverso la creazione di un "ponte" in grado di trasformare la tipologia di traffico freddo, caldo o tiepido, in traffico utile per raggiungere gli obiettivi di vendita o lead generation che ci siamo posti.
Nella prossima fase, vedremo proprio come costruire questo ponte attraverso il **BRIDGE PRE-FRAME MARKETING**.

UN MINUTO DI RIPASSO

In questo capitolo abbiamo imparato i seguenti concetti:

- il traffico, se hai un buon sistema di conversione, non è un problema e per averlo basta andare al mercato del traffico
- il traffico si distingue in base alla sua **tipologia** e al suo **calore**
- la tipologia di traffico è divisa in **traffico controllato, non controllato e di proprietà**
- il calore del traffico è diviso in **freddo, caldo o tiepido**.

PASSA ALL'AZIONE!

Arrivato a questo punto ti consiglio di fare una pausa nella lettura e andare nella sezione aggiornata di supporto al libro:

FunnelMarketingFormula.it/risorse

In 10-15 minuti potrai:

1. fare esercizi collegati al capitolo
2. mettere in pratica subito i concetti espressi e assimilare al meglio le informazioni che ti ho mostrato
3. vedere i video di approfondimento.

L'esercizio di questa sezione è quello di identificare la tipologia di traffico utile per impostare una strategia efficace.

Ti aspetto nella sezione online! :-)

VERONICA GENTILI, oltre a essere una preziosissima collega e amica, è considerata una delle massime esperte in tema di *Facebook Ads*. Collaboriamo con diversi professionisti specializzati ma la cosa che mi ha sempre colpito di Veronica è la passione che mette in ogni campagna per cercare di raggiungere i massimi profitti... e spesso ci riesce.

Veronica Gentili

PUBBLICITÀ SU FACEBOOK? UN OTTIMO ALLEATO, MA OCCHIO AL FUNNEL!

Facebook offre uno dei più potenti e sofisticati sistemi di advertising: se lo sai usare, ti permette davvero di far incontrare il prodotto/servizio giusto con la persona giusta. Ma se vuoi rendere questo strumento una concreta risorsa di business devi capirne le dinamiche.
Una delle prime lezioni che impari facendo pubblicità su Facebook è che le persone non sono lì per comprare da te.

Pensaci, quale motivo ti spinge ogni giorno, più volte al giorno, ad aprire l'applicazione e scorrere la sezione NOTIZIE?
Magari la voglia di informarti, di sapere cosa succede nel mondo; forse il bisogno di raccontarti, chi sei, cosa vuoi, cosa ti piace, cosa fai; con ogni probabilità, anche il desiderio di sapere cosa fanno e come stanno i tuoi amici, parenti e conoscenti gioca un ruolo importante.
Ecco, questi sono i motivi principali che spingono le persone quotidianamente a collegarsi a Facebook, per cui con le nostre Facebook Ads non giochiamo sulla loro domanda manifesta (hanno bisogno di qualcosa e la cercano, come accade per esempio con le campagne pubblicitarie sui motori di ricerca), ma sulla loro domanda latente e, proprio per questo, spesso non sono pronte ad acquistare da te la prima volta che le intercetti sulla piattaforma (a meno che non lavori sui pubblici personalizzati[5] e anche lì entrano in gioco tante variabili).

[5] *Come faccio a creare un pubblico personalizzato dal mio file clienti?*, facebook.com

Diciamo pure che:

- A MENO CHE non rappresenti un brand iperconosciuto o un vero e proprio lovemark
- A MENO CHE non svenda pesantemente qualcosa
- A MENO CHE non ti rivolga ad un pubblico personalizzato (già avanti nel processo di conversione) o ad un pubblico che già ti conosce bene
- A MENO CHE non faccia parte di una particolare nicchia (ma proprio particolare)
- A MENO CHE il fattore C non sia insito nel tuo DNA

NON sperare di vendere subito e direttamente.
Rischi di farti tanto male e buttare via un bel po' di soldi.

Ho visto tanti imprenditori e manager farsi male e sprecare bei budget cercando di vendere a freddo sulla piattaforma, in genere con annunci "vecchio stile", della serie "compra, compra, compra", di quelli che usi per le pubblicità push su flyer, cartelloni e tv. No, questo su Facebook non funziona e anzi "cozza" con un ambiente che mira a coinvolgere e far interagire l'utente: su Facebook funziona far incontrare la persona giusta con il messaggio giusto nel momento giusto.
Come?

Creando degli annunci che parlino ai bisogni/desideri del target in base alla fase del funnel in cui si trova e utilizzando Facebook per prendere l'utente per mano e portarlo nella fase successiva, passo dopo passo.
Guarda:

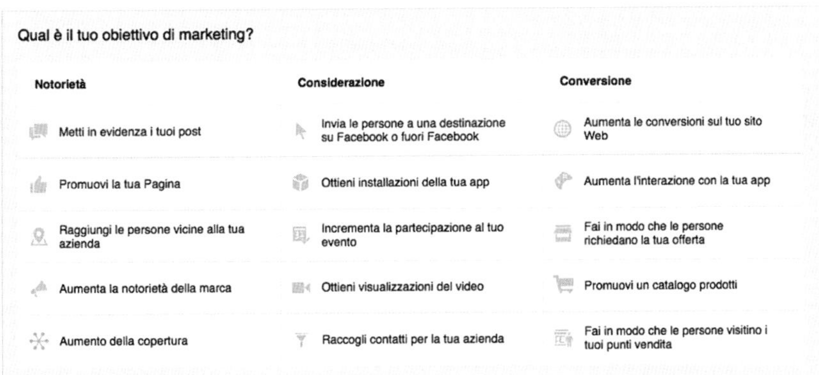

Dalla fase di notorietà in cui devi far capire chi sei e cosa offri, passando a quella di considerazione in cui la target audience punta l'attenzione su di te e ciò che offri, fino alla fase di conversione (ed eventuale ritenzione e stimolo del passaparola), Facebook

offre obiettivi e formati per raggiungere le persone importanti per il tuo brand nel punto esatto del percorso in cui si trovano.
Quello che però devi fare è dar loro il messaggio giusto: parli ad una cosiddetta core audience, un pubblico profilato in base ad interessi, caratteristiche demografiche, ecc. ma che ancora non ti conosce?
Avvicinala con un video o articolo del tuo blog che potrebbe rispondere ai suoi bisogni o desideri o magari con una risorsa gratuita da scaricare che risponde ai problemi che affronta più spesso; poi crea un pubblico personalizzato con gli utenti che hanno visitato l'articolo o scaricato la risorsa e portali allo step successivo del funnel.

I pubblici personalizzati sono una vera miniera d'oro, uno strumento fantastico che Facebook ti mette a disposizione; puoi infatti raggiungere le persone che hanno visitato il tuo sito (determinate pagine, in un determinato periodo, per un determinato periodo, che hanno fatto determinate azioni, ecc.), le persone di cui disponi dei dati personali (numero di telefono, email, data di nascita, nome, cognome, paese ecc.), le persone che hanno interagito con la tua app, con la tua pagina Facebook, con i tuoi video e molto altro.

Devi ovviamente testare cosa e chi performa meglio, ma se riesci a creare una sequenza di campagne di Facebook Advertising a supporto del tuo funnel, potrai davvero usare la piattaforma al massimo del suo potenziale; questo ti permetterà di raggiungere, in modo altamente creativo e preciso, la tua target audience nel momento ideale.
Ed avere risultati davvero molto interessanti, provare per credere.

5.5. Fase n. 3 – Bridge marketing

«Se non fai errori, non stai lavorando su problemi sufficientemente ostici. E questo è un grave errore».

Franck Wilczek (Premio Nobel)

Entriamo nella fase n. 3 del sistema, ovvero quella di trasformare il traffico generato (freddo, caldo, tiepido) nella direzione più efficace per raggiungere i nostri obiettivi.

La fase di bridge marketing all'interno delle 9 fasi dei funnel di marketing

5.5.1. Cos'è il bridge marketing (marketing ponte)

Il concetto del Bridge Marketing è la composizione di elementi e strategie per preparare il mindset dell'utente (che soprattutto proviene dal traffico a freddo) e per portarlo a fare l'azione richiesta nelle pagine di conversione.

In base alla tipologia di traffico occorre pianificare un "ponte" (bridge è la traduzione dall'inglese di ponte) in linea alla provenienza del traffico, pertanto i bridge sono di 3 tipi:

1. **BRIDGE DEL TRAFFICO CALDO**
2. **BRIDGE DEL TRAFFICO TIEPIDO**
3. **BRIDGE DEL TRAFFICO FREDDO.**

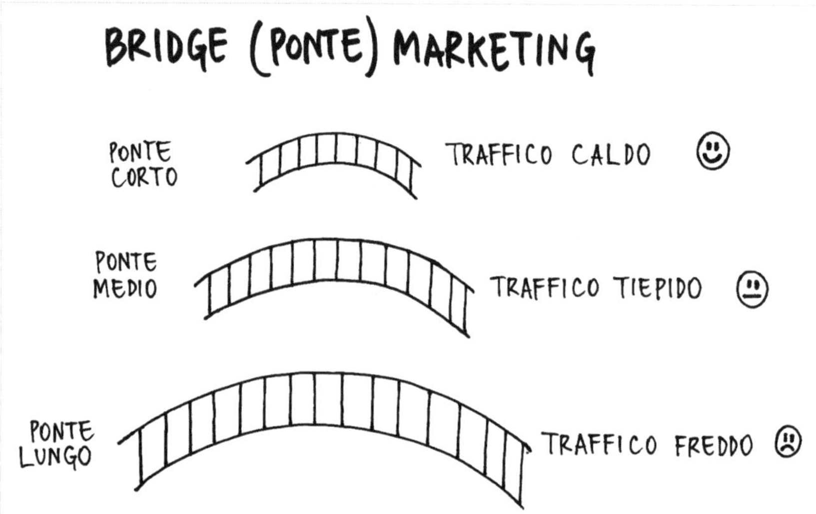

Le varie lunghezze dei ponti in base al calore del traffico

Il **BRIDGE PER IL TRAFFICO CALDO** è molto corto, dato che è composto da persone che già ti conoscono, che quindi puoi portare subito ad azioni dirette, visto che cliccheranno sul tuo link o annuncio con fiducia.

Per esempio, sul tuo traffico caldo, puoi già comunicare il link di acquisto nella mail che mandi, perché chi la riceve sa già chi sei o cosa vendi.

Il **BRIDGE DEL TRAFFICO TIEPIDO** è leggermente più lungo, dato che vi è un passaggio in più creato dal JV che ti introduce.

Il **BRIDGE DEL TRAFFICO FREDDO** è il Santo Graal dei business online perché è l'elemento o strategia che può trasformare un perfetto sconosciuto in un utente disposto a tirare fuori la carta di credito e pagare per un tuo prodotto o servizio.
Ovviamente il bridge del traffico a freddo è il ponte più lungo e complesso pertanto andiamo a vedere i vari elementi che puoi utilizzare per la creazione del tuo pre-frame bridge marketing.

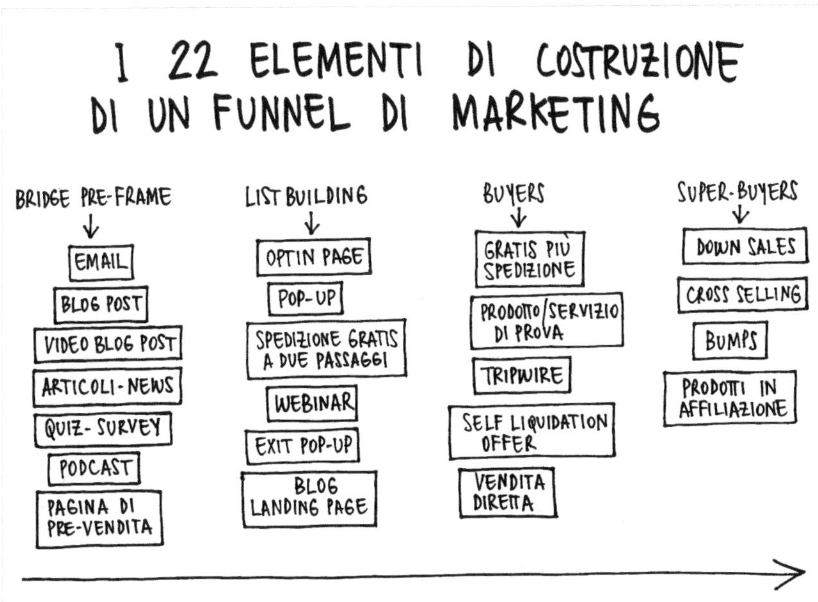

I 22 elementi di costruzione di un funnel di marketing

5.5.2. Elementi del pre-frame bridge marketing

Gli elementi che puoi utilizzare per fare "bridge marketing" sono:

- EMAIL
- BLOG POST
- VIDEO BLOG POST
- ARTICOLI E NEWS
- QUIZ - SURVEY
- PRESELL PAGE.

Elementi del bridge pre-frame

5.5.2.1. Email

L'email rimane uno degli elementi migliori per scaldare e preparare un utente a compiere l'azione che vogliamo.
La strategia più classica è quella di fare opt-in con pagine apposite che hanno il solo scopo di raccogliere la mail, per poi far ricevere all'utente una serie di email automatiche volte ad educare, preparare e scaldare la persona, per portarlo sulla pagina di vendita o di lead generation. Ci sono script precisi (che insegniamo nel nostro corso) che hanno lo scopo di "preparare" l'utente a compiere una determinata azione.
L'email è anche la tipologia di ponte più classica che si utilizza per il traffico caldo, dato che non si fa altro che spedire alla propria lista una email con l'offerta o lancio che si vuole promuovere.

Il 99,99% dei siti aziendali parlano dei propri prodotti e servizi come se fossero i TOP. Vero?!

"Siamo i leader di mercato", "Siamo i numeri 1 in...." , quante volte hai letto queste frasi?!

Bhe.. noi invece ti diciamo di **NON credere a quello che ti abbiamo detto** e raccontato fin qui MA **DI CREDERE a CHI ha già provato i nostri Servizi o Corsi di BLG!**

Guarda questo video di pochi minuti! >>

PS. mancano 3 giorni....poi l'offerta per te di accedere al corso ad un prezzo scontato del 30%...non sarà più valida!!!

ACCEDI AL VIDEO >> "COME SVILUPPARE IL MARKETING DELLA TUA AZIENDA ATTRAVERSO I FUNNEL DI MARKETING"

A presto!

Michele Tampieri

Founder & CEO
Lead Generation Italia

Lead Generation Italia - LeadGenerationItalia.com
Fai Crescere il TUO Business! - BusinessTRIBE.it
Impara il Funnel di Marketing - FunnelDiMarketing.it

Entra nell'Esclusiva Community Funnel di Marketing!

Esempio di email

5.5.2.2. Blog post

Il blog post è l'articolo che viene pubblicato nel blog ed è un ottimo elemento per creare pre-frame su un utente.
Consiste nello scrivere e pubblicare un post nel proprio blog (o quello di altri) e fornire all'utente informazioni di valore, per fargli meglio percepire i benefici o le caratteristiche di un determinato servizio o prodotto.
All'interno del blog si fanno riferimenti al prodotto o servizio (con link o banner) e si dà la possibilità agli utenti di accedere ad approfondimenti mirati all'acquisto.

A distanza di anni continuo a vedere marketer che spingono sul blogging come fonte di traffico.
Sono d'accordo solo in parte, dato che dalla mia esperienza risulta che, prima che i post si posizionino in Google e diventino realmente traffico organico, ci vogliono mesi se non anni.
Inoltre occorre molta costanza, un ottimo piano editoriale e una pre-analisi delle parole chiave per utilizzare il blog come elemento di traffico.

Come parte del bridge marketing, invece, lo vedo eccellente perché ti permette di farne un elemento per vendere in maniera soft e creare quella giusta credibilità indispensabile per chi acquista nel web.

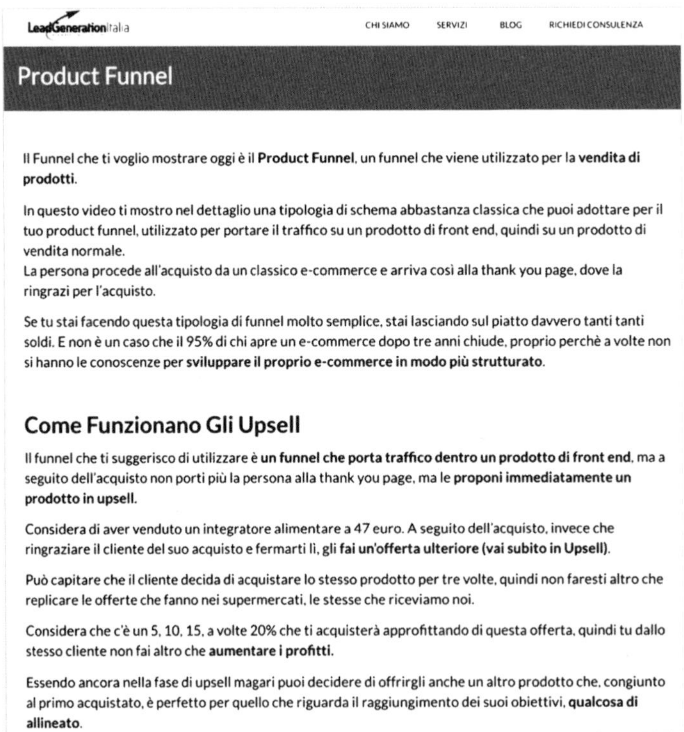
LeadGenerationItalia CHI SIAMO SERVIZI BLOG RICHIEDI CONSULENZA

Product Funnel

Il Funnel che ti voglio mostrare oggi è il **Product Funnel**, un funnel che viene utilizzato per la **vendita di prodotti**.

In questo video ti mostro nel dettaglio una tipologia di schema abbastanza classica che puoi adottare per il tuo product funnel, utilizzato per portare il traffico su un prodotto di front end, quindi su un prodotto di vendita normale.
La persona procede all'acquisto da un classico e-commerce e arriva così alla thank you page, dove la ringrazi per l'acquisto.

Se tu stai facendo questa tipologia di funnel molto semplice, stai lasciando sul piatto davvero tanti tanti soldi. E non è un caso che il 95% di chi apre un e-commerce dopo tre anni chiude, proprio perchè a volte non si hanno le conoscenze per **sviluppare il proprio e-commerce in modo più strutturato**.

Come Funzionano Gli Upsell

Il funnel che ti suggerisco di utilizzare è **un funnel che porta traffico dentro un prodotto di front end**, ma a seguito dell'acquisto non porti più la persona alla thank you page, ma le **proponi immediatamente un prodotto in upsell.**

Considera di aver venduto un integratore alimentare a 47 euro. A seguito dell'acquisto, invece che ringraziare il cliente del suo acquisto e fermarti lì, gli **fai un'offerta ulteriore (vai subito in Upsell).**

Può capitare che il cliente decida di acquistare lo stesso prodotto per tre volte, quindi non faresti altro che replicare le offerte che fanno nei supermercati, le stesse che riceviamo noi.

Considera che c'è un 5, 10, 15, a volte 20% che ti acquisterà approfittando di questa offerta, quindi tu dallo stesso cliente non fai altro che **aumentare i profitti.**

Essendo ancora nella fase di upsell magari puoi decidere di offrirgli anche un altro prodotto che, congiunto al primo acquistato, è perfetto per quello che riguarda il raggiungimento dei suoi obiettivi, **qualcosa di allineato.**

Esempio di blog post

5.5.2.3. Video blog post

Il video blog post è la stessa tipologia di pre-frame della precedente ma con il vantaggio di avere video.
Perché vantaggio?
I motivi sono diversi (non a caso spingo molto su questa strategia).

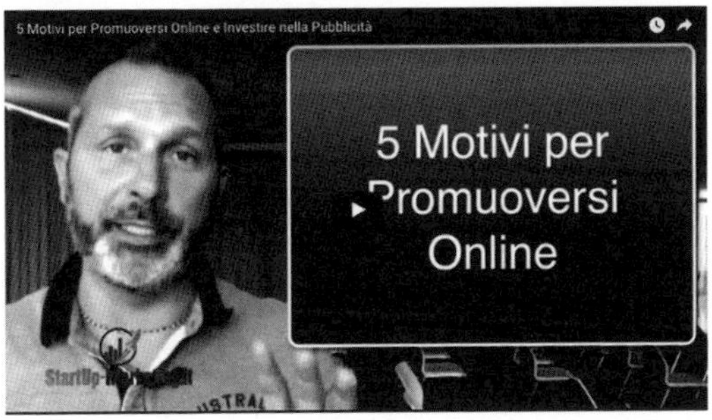

Sono 5 le ragioni principali per cui chiunque abbia un prodotto o un servizio dovrebbe **seriamente pensare di promuoversi Online.**

Gli **Ads**, cioè gli strumenti per promuoversi sul Web, offrono molteplici vantaggi. Non è sufficiente offrire un prodotto o un servizio valido…se non ti fai conoscere, se non ti promuovi sul Web, se non diffondi il tuo messaggio e resti "sconosciuto"… offri la possibilità ad altri di farsi trovare al posto tuo, anche se il loro prodotto o il loro servizio è peggiore del tuo. Ecco perchè diventa **indispensabile promuoversi ed investire nella pubblicità**. Ecco i 5 motivi principali per farlo.

1. Gestione del Traffico Controllato

Gli Ads (strumenti per promuoversi) sono strumenti **di traffico controllato**, cioè quegli strumenti di cui **tu ne hai il controllo pieno.** Il che vuol dire che **decidi tu** quanto spendere, quando far partire la campagna, quando invece sospenderla, dove indirizzarla… Questi Ads ti permettono di ottenere questa tipologia di traffico (controllato), che è quella ottimale. Si paga certo, si spende…ma l'investimento in pubblicità per ottenere traffico controllato è impagabile!

2. Targhettizzazione del Cliente

Il secondo grande vantaggio che ottieni quando inizi a promuoverti sul Web è che **puoi targhettizzare perfettamente il tuo cliente**, questo accade soprattutto con i Facebook Ads: su questo famoso canale Social puoi infatti decidere innumerevoli variabili per targhettizzare il tuo cliente: gli anni, il sesso, i suoi interessi, la zona geografica etc… Questo è un grande vantaggio perché rispetto alla comunicazione che gira su vasta gamma (quella della televisione ad esempio) e che spara a mitragliatrice sul pubblico, puoi invece andare a **toccare come un laser il tuo target e colpirlo senza possibilità di errore**.

3. Creazione di Awareness

Quando ti promuovi online investendo sulla pubblicità inizi a creare **Awareness** (conoscenza) e lavori sul tuo **Personal Branding**, facendo diventare il tuo prodotto e/o servizio sempre più noto. Sappi inoltre che secondo alcune ricerche di marketing si stima che per far sì che le persone inizino a ricordarsi un brand, un nome o una persona devono sentire questo nome almeno **7 volte**. Ecco, gli Ads ti permettono di farlo, diffondendo e facendo sentire il tuo nome parecchie volte e permettendoti così di iniziare a creare brand sul tuo prodotto o sul tuo servizio.

Esempio di video blog post

Il primo è che ottieni l'effetto "televisivo" dato che le persone ti vedono in una forma di comunicazione più efficace del testo.

Secondo perché, secondo le stime della CISCO, nel 2018 il 78% della comunicazione online sarà video, quindi chi prima si posiziona, meglio alloggia.[6]

Terzo perché il video, una volta fatto, permette di avere un contenuto che si posiziona sia su Google che su YouTube (che è il secondo motore di ricerca al mondo).
Quarto perché il video ti permette di essere trascritto (con i relativi vantaggi del post normale) di estrarre l'audio in MP3 per inserirlo in Podcast... quindi da un contenuto ne puoi estrapolare 3 (testo, audio, video)!

5.5.2.4. Articoli – news

Gli articoli/news sono utili per creare credibilità dato che si tratta di brani (generalmente più tecnici e meno easy che il blog post) che evidenziano vantaggi, benefici e caratteristiche di un determinato prodotto o servizio.
Quali sono i vantaggi di questo elemento?

La credibilità tra tutti, dato che il tuo prodotto o servizio viene valorizzato da un sito esterno al tuo e quindi sfrutta la leva persuasiva che è "qualcun altro" a parlare bene di te.

Come trovare un sito che faccia article marketing per il tuo business?
Ti è sufficiente inserire nella stringa di ricerca di Google le parole "article marketing" + "tuo settore" e, se la tua nicchia non è troppo stretta, potrai trovare portali e siti che accettano articoli esterni.

[6] Marina Lopes, *Videos may make up 84 percent of internet traffic by 2018: Cisco*, reuters.com

5.5.2.5. Quiz – survey

I quiz e i questionari sono ottimi elementi di pre-frame, dato che ti permettono di fare subito list building (sarà uno dei primi elementi che chiederai) ma soprattutto, facendo domande che possono portare su percorsi diversi, ti danno la possibilità di capire meglio l'orientamento e le necessità del tuo potenziale cliente.

Parti con domande semplici e non farne troppe. Alle persone non piace stare troppo tempo su quiz e questionari, ma con 3 (massimo 5) domande potresti ottenere risposte di grande valore e nello stesso tempo portare il tuo utente nel percorso (e quindi prodotto o servizio) più adatto alla sua necessità.

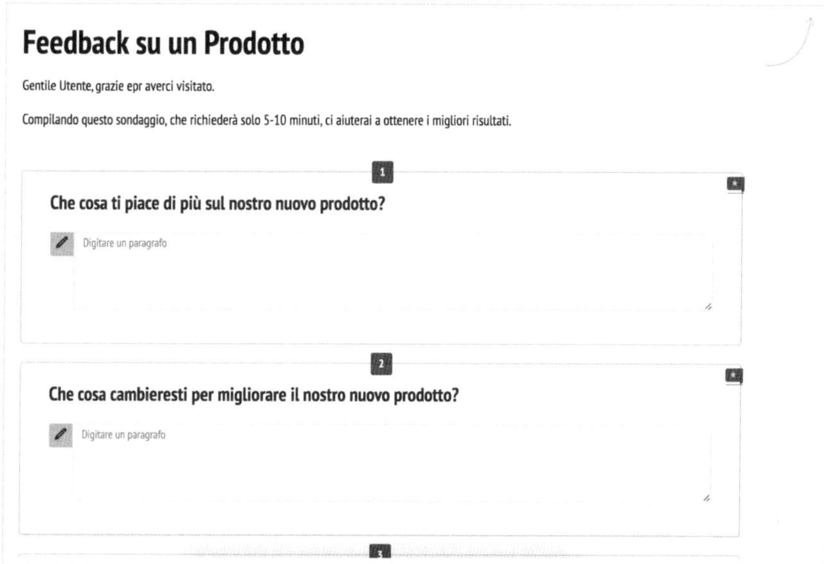

Esempio di quiz utilizzato come feedback

5.5.2.6. Podcast

Il mondo dei podcast è un mondo tutto suo, ma che mi sembra in trend di crescita in Italia, dato che sempre più persone hanno tempo passivo in macchina o altro e quindi preferiscono ascoltare qualcosa di utile e costruttivo per sé stessi.

A mio avviso anche il podcast è un ottimo elemento di pre-frame, a patto che l'obiettivo finale sia quello di dare valore e fare il più possibile list building con i follower.
Per farlo, prima e dopo il contenuto, occorre dare un richiamo all'azione dell'ascoltatore per visitare una determinata pagina. Ancora meglio se li si indirizza verso una opt-in page (che vedremo nel prossimo capitolo) in modo da raccoglierne la mail.

È anche importante che il nome della pagina sia facile da memorizzare, dato che l'ascoltatore, nella maggior parte dei casi, se ne deve ricordare a mente!

Esempio di podcast

5.5.2.7. Pagina di pre-vendita

La pagina di pre-vendita è molto efficace se hai un prodotto o servizio che non ha un costo troppo elevato e che quindi permette all'utente di acquistare (o fare lead generation) immediatamente dopo aver visto o letto tale pagina.
Di solito, il copy è orientato al problema dell'utente, per poi dare la soluzione che possa risolvere le sue necessità.
Qui non si parla di prezzi, tempi, limiti, bonus, ecc. ma si prepara l'utente alla vera e propria pagina di vendita.

I contenuti in pre-vendita che facciamo noi sono già più curati rispetto al semplice blog post o video blog post.
Qui si deve prestare molta attenzione all'immagine e in termini pratici potrebbe avere più senso fare 2 pagine (pre-vendita e vendita) con video da 3 minuti l'uno piuttosto che uno unico da 6.

Esempio di pagina di pre-vendita

Come vedi gli elementi di bridge marketing per scaldare l'utente, iniziare una comunicazione con esso e creare credibilità sono diversi.

Questa è una fase estremamente delicata dato che introduce l'utente a volerne sapere di più.
Non dimenticare che in questa fase il tuo utente sta solo cercando informazioni!
Non è pronto per acquistare. Il tuo obiettivo è fare una "bella impressione" e portalo alla fase successiva, la numero 4, ovvero la LIST BUILDING.

UN MINUTO DI RIPASSO

In questo capitolo abbiamo imparato i seguenti concetti:

- esistono **3 tipologie di bridge** in base alla provenienza della tipologia di traffico: lungo, medio, corto
- abbiamo visto i **vari elementi** che puoi utilizzare per sviluppare un bridge efficace per il tuo business:
  a. **email**
  b. **blog post**
  c. **video blog post**
  d. **articoli e news**
  e. **quiz – survey**
  f. **presell page.**

PASSA ALL'AZIONE!

Arrivato a questo punto ti consiglio di fare una pausa nella lettura e andare nella sezione aggiornata di supporto al libro:

FunnelMarketingFormula.it/risorse

In 10-15 minuti potrai:

1. fare esercizi collegati al capitolo
2. mettere in pratica subito i concetti espressi e assimilare al meglio le informazioni che ti ho mostrato
3. vedere i video di approfondimento.

L'esercizio di questa sezione è quello di identificare il bridge utile per impostare una strategia efficace.

Ti aspetto nella sezione online! :-)

5.6. Fase n. 4 – List building

«Dove non c'è un giardiniere, non c'è un giardino».

Stephen Covey

La fase n. 4 è un'altra fase di estrema importanza dato che comprende la creazione della lista email di tuoi potenziali clienti che, concedendoti l'email, ti daranno il tacito permesso di avere una relazione con essi.

La fase di list building all'interno delle 9 fasi dei funnel di marketing

Chiedo in anticipo perdono alle gentili lettrici di questo libro dell'esempio immaginario che sto per fare, ma avendolo utilizzato con un giovane gruppo di studenti vorrei proporlo qui.

Poniamo lo scenario su 2 situazioni che hanno lo stesso obiettivo, ovvero passare una "notte di fuoco" con una ragazza che incontri in discoteca.

SCENARIO A

Vai da lei e con sguardo serio e profondo le dici:
"Ciao! Sai che sono considerato il miglior latin lover della mia città? Peso 70 kg, sono alto 1 metro e 81 e sono molto bravo nei preliminari... cosa ne dici se passiamo la notte assieme?"

Quale pensi possa essere la reazione della ragazza?
Molto probabilmente spaventata dal tuo sguardo da maniaco si allontanerà in tutta fretta con la scusa che il suo gelosissimo ragazzo la sta aspettando. Oppure ti mollerà direttamente un ceffone... no? :-)
Questo è ciò che succede al 98% dei siti web che vedo in giro che non fanno altro che comunicare al primo "incontro" con l'utente le proprie caratteristiche e cercare "a freddo" la vendita!
Ecco perché il 98% dei siti non funziona!! Mi segui??!!

SCENARIO B

Vai da lei e cerchi di creare una relazione.
Ancora prima di chiederle il nome, fai qualche commento sul locale, sulla musica, insomma... nulla di pressante ma simpatico e brillante.
Poi, una volta rotto il ghiaccio le chiedi un contatto Facebook o telefonico.
Da qui inizi con lei una relazione via SMS o messaggi social.
Poi le proponi un aperitivo e se vedi che sta bene con te la inviterai a cena.
Infine potrai avere la chance di avanzare qualche piccante richiesta.

Un po' meglio? Non pensi possano esserci più possibilità di arrivare all'"obiettivo"??!! :-)

5.6.1. L'importanza della lista

Lo stesso vale per il web!
Il tuo primo obiettivo è andare in un posto dove puoi trovare il tuo potenziale cliente (bella ragazza) attraverso un traffico mirato.

Il secondo obiettivo è quello di approcciarla in modo carino e fare una bella impressione (approccio).
Il terzo obiettivo è fare in modo di ottenere un elemento di connessione con lei.
Cosa succede se i primi 2 obiettivi sono ok ma cadi nel terzo? Succede che il potenziale cliente lo perdi per sempre!

Questa fase è fondamentale perché ti permetterà di avere un dialogo con il tuo potenziale cliente anche in futuro tramite diverse forme di comunicazione (email, social, WhatsApp, ecc.) ed è proprio questa fase che trattiamo in questo capitolo (ovvero la fase n. 4 dello schema delle 9 fasi): fare list building.

Non mi stancherò mai di ripetere che la list building è un processo vitale per ogni attività. E attenzione: non ho detto fondamentale... ho detto vitale!
Se non fai list building e non sviluppi il tuo database, il rischio di far morire il marketing della tua attività è dietro l'angolo!

List building significa creazione della lista, dato che acquisisci le email dei tuoi visitatori che in pre-frame dalla fase 3 di bridge marketing hanno dimostrato interesse nella tua offerta.

Esempio di pagina creata per fare lista

L'obiettivo di questa fase è quello di trasformare il traffico (freddo, tiepido o caldo) in traffico di tua proprietà attraverso l'acquisizione dell'indirizzo email.
Una volta che il traffico è tuo, non ti resta che comunicare le tue offerte o informazioni di valore, per arrivare al tuo obiettivo di vendita.
Questa fase è l'inizio di ogni scala dei valori e di ogni funnel ed è molto importante perché fa leva sul fattore persuasivo più potente che puoi utilizzare con le strategie automatiche di web marketing, ovvero il fattore tempo!
Ricorda che le persone acquistano quando LORO sono pronte, quindi il fatto di rimanere in contatto in modo costante aumenta gli indici di conversione dato che ti farai trovare pronto nel posto giusto al momento giusto.
Creando e comunicando con la tua lista, sviluppi 8 utili benefici:

1. acquisisci contatti di persone che hanno dimostrato un certo (poco o tanto) interesse verso i tuoi prodotti e servizi
2. trasformi traffico a pagamento in traffico di tua proprietà
3. aumenti la tua credibilità e autorità
4. hai la possibilità di comunicare e valorizzare i tuoi prodotti e servizi
5. trasformi il traffico controllato e non controllato in traffico di tua proprietà
6. utilizzi la leva persuasiva più efficace in assoluto che è il fattore tempo
7. attiri potenziale partner e joint venture
8. crei l'asset fondamentale per lo sviluppo del tuo business.

5.6.2. Il potere delle email

Perché fare list building con le email e non tramite l'acquisizione di follower da social?
La coniugazione dei due elementi è l'ideale, ma vi sono alcune differenze:

A. le persone hanno una relazione personale con le proprie email. L'intimità che si raggiunge con la email non ha eguali in nessun social
B. i social forse vengono visti più volte ma è con la email che tratti più di lavoro e business
C. il 100% di chi utilizza il web ha un'email, solo il 50% utilizza i social.

5.6.3. I 5 errori da evitare nella list building

Il **PRIMO ERRORE** è quello di non iniziare!
Il concetto di fare lista è stra-conosciuto eppure le attività e i business che hanno un lista profilata sono davvero pochi.

Il **SECONDO ERRORE** è quello di pensare che occorra solo una grande lista per ottenere risultati.
In realtà è meglio una lista piccola ma attiva (ovvero fatta di utenti che aprono le email e cliccano sui link), piuttosto che una lista ampia ma passiva.
Se hai 100 iscritti ma il tasso di apertura della email è dell'80% e clic rate del 50%, significa che hai portato 50 clic di valore verso la tua offerta o pagina di destinazione.
Se hai una lista di 2.000 iscritti con un tasso di apertura del 10% e clic rate del 2%, significa che hai portato 40 clic.
Infine ricorda che tutti siamo partiti da una lista pari a zero!

Il **TERZO ERRORE** è quello di pensare di inviare una email alla lista e non ad una persona.
Ricorda che l'email è un posto intimo e quotidiano. Pensa sempre che dall'altra parte vi è un individuo in carne e ossa che apre e legge i tuoi contenuti.

Il **QUARTO ERRORE** è quello di parlare "aziendalese" come si fa con le classiche (e pallosissime!) newsletter. Cerca di comunicare in modo fresco e creare fin da subito una buona relazione con il tuo utente.

Il **QUINTO ERRORE** è quello di non mostrare chi sei veramente! Nel web, oramai, le bugie hanno le gambe corte, quindi fingere di essere chi non sei, ti taglia le gambe da ogni punto di vista, personale e professionale. Comunica per come sei e sii te stesso.

5.6.4. Elementi da utilizzare per fare list building

Ora che abbiamo inquadrato meglio l'importanza della fase n. 4 del funnel di marketing, vediamo quali sono gli elementi che puoi utilizzare per fare list building:

1. **OPTIN PAGE**
2. **POP UP**
3. **SPEDIZIONE GRATIS A DUE PASSAGGI**
4. **WEBINAR REGISTRATION**
5. **EXIT POP UP**
6. **BLOG LANDING PAGE.**

5.6.4.1. Optin page

La *optin page* (o *squeeze page*) è la pagina utilizzata più di frequente per raccogliere l'email del visitatore e trasformare, quindi, il traffico da controllato e non controllato in traffico di tua proprietà. Può essere testuale o video e spesso è la pagina che promette un elemento di valore (pdf, video, report, ecc.) in cambio della email. L'unica cosa che può fare un utente in queste pagine è lasciare la email, oppure andarsene.

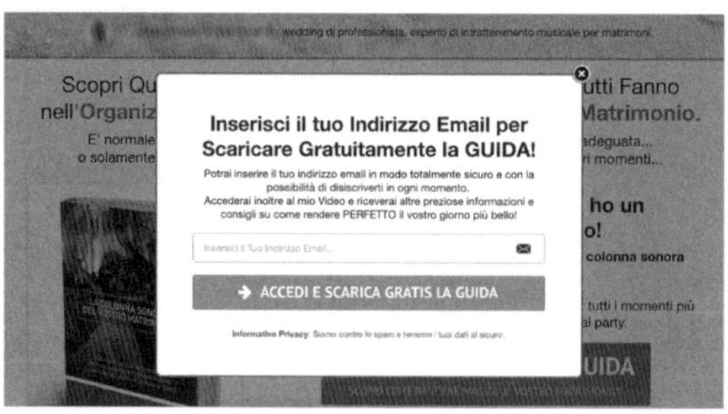

Esempio di optin page

Per ottenere un alto indice di conversione (ovvero la percentuale di persone che inseriscono l'email rispetto alle visite totali) dovrebbe rispettare alcune caratteristiche:

1. deve catturare l'attenzione
2. deve dare un risposta diretta al problema
3. deve avere una comunicazione diretta
4. non deve avere distrazioni come per esempio il menù
5. deve avere la sola richiesta di azione con compilazione del form o clic su pulsante.

5.6.4.2. Pop up

Ricordo che nei primi anni 2000, il *pop up* era spesso usato per comunicazioni invasive come "Congratulazioni, hai vinto XXYY!", poi con l'avvento di blocchi per pop up e *ad blockers*, questo metodo rimase obsoleto per i marketer.
Ora il pop up è il metodo con il quale noi di Lead Generation Italia generiamo più lead per le nostre campagne.
Viene applicato al pulsante che può essere su una pagina o post e offre la possibilità immediata di concentrarsi solo sui campi da compilare, aumentando nella media le percentuali di conversione.

Esempio di pop up

5.6.4.3. Spedizione gratis a due passaggi

È una tipologia di funnel ottimale per spedire prodotti fisici, come

ad esempio un libro, ed è composta da una pagina che ha due passaggi con due diversi form.
Il primo passaggio serve per raccogliere la email, il secondo per far compilare i dati della carta di credito.
Vedremo questo funnel anche nella fase dell'offerta, ma non tutti coloro che compilano il primo form con la email lasciano i dati per la carta di credito (dato molto sensibile), quindi diventa comunque un ottimo canale per fare list building.

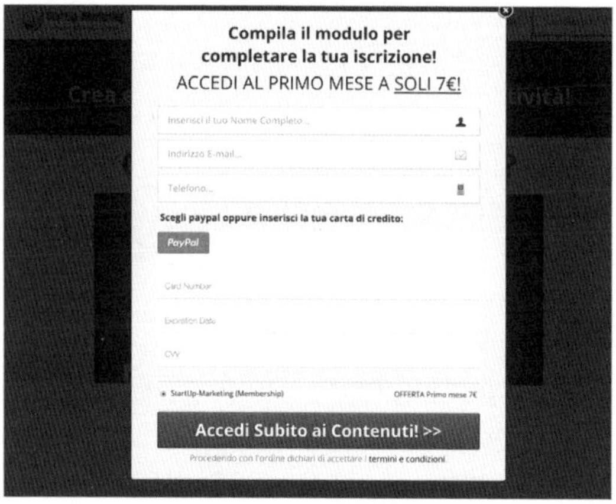

Esempio di spedizione gratis a due passaggi

5.6.4.4. Webinar registration

È una optin page dedicata per far registrare le persone al webinar che si terrà in una determinata data e orario.

Esempio di webinar registration

5.6.4.5. *Exit pop up*

L'*exit pop up* è la tipologia di pop up che compare ogni qual volta la persona chiude o sta per chiudere la pagina. Serve come ultimo elemento persuasivo prima di perdere l'utente per sempre.
Viene anche usato negli e-commerce con pop up che offrono possibilità di sconti o offerte speciali.

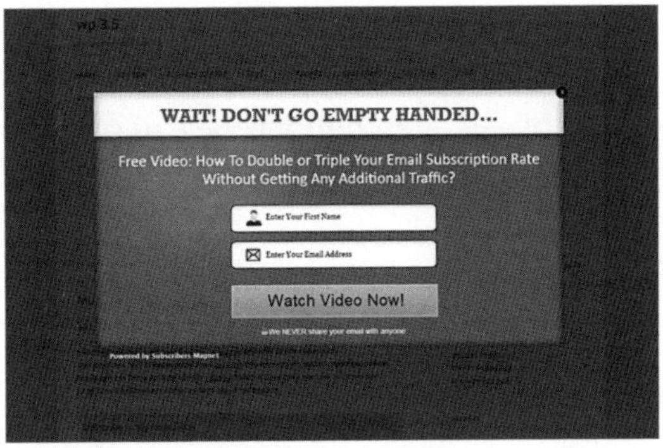

Esempio di exit pop up

5.6.4.6. *Blog landing page*

La blog landing page è una tipologia di home page dei blog che spesso suggeriamo ai nostri clienti, dato che permette di aumentare gli indici di conversione.
La chiamiamo così perché rispetto al classico blog, dove la home è una pagina informativa o mera raccolta dei post, ha un'impronta strettamente simile a una landing page, nella quale viene forzata la richiesta di email per accedere agli altri contenuti.

Esempio di blog landing page

Spero tu abbia percepito l'importanza di fare lista al più presto per acquisire il punto di connessione migliore che puoi avere con i tuoi follower.
Subito dopo l'acquisizione della email, dovrai fare la prima offerta sviluppando così due vantaggi immediati:

1. capire chi tra coloro che si sono dimostrati interessati ai tuoi prodotti/servizi è già pronto per acquistare e poter diversificare il tuo marketing per essi
2. cercare di fare break even per arrivare al più presto possibile a pareggio dei costi tra la pubblicità e la prima entrata economica.

Per questo ti invito a vedere la fase successiva dell'offerta.

UN MINUTO DI RIPASSO

In questo capitolo abbiamo imparato i seguenti concetti:

- cosa significa **list building** e perché è così importante
- quali sono **gli errori da evitare**
- abbiamo visto quali sono gli **elementi** che puoi utilizzare per fare list building:
  a. optin page
  b. pop up
  c. spedizione gratis a due passaggi
  d. webinar registration
  e. exit pop up
  f. blog landing page.

PASSA ALL'AZIONE!

Arrivato a questo punto ti consiglio di fare una pausa nella lettura e andare nella sezione aggiornata di supporto al libro:

FunnelMarketingFormula.it/risorse

In 10-15 minuti potrai:

1. fare esercizi collegati al capitolo
2. mettere in pratica subito i concetti espressi e assimilare al meglio le informazioni che ti ho mostrato
3. vedere i video di approfondimento.

L'esercizio di questa sezione è quello di identificare gli elementi utili per impostare una strategia efficace che ti permetta di fare list building.

Ti aspetto nella sezione online! :-)

5.7. Fase n. 5 – L'offerta

«Devi prima rinunciare a ciò che sei,
per diventare ciò che vuoi essere».

Albert Einstein

La fase n. 5 è quella di proporre subito un'offerta a coloro che sono entrati nel tuo funnel, presentando un prodotto o servizio in tema con l'obiettivo finale del funnel.
L'offerta, per essere tale, deve essere un prodotto/servizio *low cost* dal grande valore aggiunto, dato che il potenziale cliente non ci conosce ancora ed è appena entrato nel nostro funnel.

La fase di offerta all'interno delle 9 fasi dei funnel di marketing

5.7.1. Le tre magie della fase di offerta

Ci sono tre "magie" che accadono nel vendere in questa fase:

1. identifichi immediatamente i *buyer* e i *super buyer* dal resto di coloro che sono entrati nel funnel, avendo così la possibilità di modificare la tua comunicazione e marketing per loro
2. abbassi la barriera della diffidenza, dato che gli permetti di "testarti" senza rischiare più di tanto
3. ti avvicini al break even, ovvero recuperi subito parte del budget investito nel traffico, ammortizzando il costo per ogni email (e quindi utente) entrata nel tuo funnel.

5.7.1.1. Identifica i buyer e super buyer

Identificare i buyer ti permette immediatamente di portare le persone nel tuo primo scalino della value ladder, pertanto è davvero importante che tu faccia una "bella impressione".

Non ricadere nell'errore di dare poco valore solo perché le persone hanno pagato poco.

Un classico esempio è quello del ristorante che decide di promuoversi attraverso Groupon, ma che offre ai clienti che arrivano dall'offerta super scontata un servizio orribile, perché hanno pagato poco.

Questi clienti torneranno nel ristorante?! Ovvio che no!

Saranno persi per sempre e faranno anche pessime recensioni/ passaparola del ristorante.

Lo scopo di questa offerta, per il ristorante, non è quella di guadagnare in questa prima transazione, ma semplicemente di portare dentro il locale nuovi clienti, farsi conoscere, dare un ottimo servizio (valore), in modo tale da conquistare il cliente per le prossime volte e magari stimolare un buon passaparola.

Lo stesso vale per la tua offerta ad alto valore e a poco prezzo.

Il vantaggio più concreto che ottieni in questa fase è che puoi già dividere i percorsi del tuo funnel per coloro che hanno già dimostrato fiducia nei tuoi confronti.

Probabilmente hanno visto in te e nei tuoi prodotti/servizi la soluzione che cercavano, quindi sei autorizzato a fare un marketing diverso.

Potresti:

1. far seguire una call telefonica
2. far seguire follow up di email diverse
3. fare subito una seconda super offerta (OTO = One Time Offer) che troveranno solo qui.

Insomma, loro hanno dimostrato VERO interesse per te e i tuoi servizi/prodotto, ora sta a te confermare la buona impressione e dargli l'effetto WOW!

5.7.1.2. Abbassa la barriera della diffidenza

Dare la possibilità alle persone di provare uno dei tuoi prodotti o servizi abbattendo i rischi ti permetterà di trasformare più facilmente un utente in cliente.
Nel momento in cui una persona compra da te, anche a basso costo, e vede che tutto "fila liscio", avrai conquistato la sua fiducia e si sentirà più a suo agio per acquisti futuri (effetto Amazon!).

5.7.1.3. Fai break even

Questo è il primo grande obiettivo di OGNI funnel: fare break even (raggiungere il pareggio dei costi pubblicitari per avere lead/potenziali clienti a costo zero!).

5.7.2. Elementi da utilizzare per la fase di offerta

Ora che abbiamo visto i 3 macro vantaggi della fase dell'offerta, ti mostro gli elementi che puoi utilizzare nel web per proporre e stimolare la prima vendita e qualificare i buyer.

- gratis-più-spedizione
- prodotto/servizio di prova
- tripwire
- self liquidation offer
- vendita diretta.

Noterai che parlerò spesso di "prodotti" e non di servizi ma se il tuo business è basato sui servizi, puoi sempre "impacchettare" alcuni aspetti formativi o informativi del tuo servizio e crearne un prodotto (piccolo libro, CD, corso online, ebook in pdf, ecc.).

5.7.2.1. Gratis-più-spedizione (G-P-S)

È uno dei metodi che abbiamo imparato da Russell Brunson e che gli ha permesso di generare milioni di vendite per il suo software *ClickFunnels*.
Sul mercato americano, per i big marketer, è probabilmente la metodologia che va per la maggiore in fase di offerta.
Consiste nell'offrire al tuo utente un prodotto fisico ad altissimo valore (un libro, CD, giornale, ecc.) e darlo via gratis!
L'unica cosa che chiedi è il costo di spedizione.
La parola magica che aumenta in maniera esponenziale gli indici di conversione è ovviamente "gratis".
Inoltre con il G-P-S hai molte più possibilità di trasformare l'utente in un potenziale cliente, dato che se riceve un prodotto fisico a casa è più facile che lo consumi veramente.
Il classico ebook pdf è altrettanto utile ma quante volte rimane non letto nel computer della persona che l'ha scaricato?
Tu quanti ebook hai che aspettano di essere letti?!? Io tanti!
Ogni volta che guardi il libro (o un prodotto fisico) che sta sulla tua scrivania o comodino è come se ti ricordasse di essere letto.
Se hai un business che ti permette di utilizzare il Gratis-Più-Spedizione, valutalo per davvero!

5.7.2.2. Prodotto/servizio di prova

Generalmente è un'offerta a bassissimo costo (spesso 1€ o massimo 7€) che dà la possibilità al potenziale cliente di acquistare un qualche prodotto da te a bassissimo rischio.
Nei giorni successivi, in automatico e con i dati che la persona ha utilizzato per l'acquisto della prova, verranno effettuate le successive transazioni per l'intero importo del prodotto.

Questo è un ottimo metodo per promuovere prodotti digitali dei quali non hai costi di spedizione quindi download, software, membership, ecc.
Noi per esempio utilizziamo questa metodologia per promuovere *StartUp Marketing*, la nostra membership online che ti mostra passo a passo come progettare e lanciare un business online.
L'offerta di prova ti permette di testare e capire se questo corso fa per te a solo 1€, dopodiché chi rimane nella membership pagherà 37€ al mese.

Esempio di prodotto/servizio di prova

Sono tanti coloro che entrano nella nostra scala dei valori da qui... e che senza questa offerta non sarebbero MAI entrati!

5.7.2.3. Tripwire

È la metodologia di **RYAN DEISS** di Digital Marketer con la quale ha scalato un impero e consiste nell'estrarre un "pezzo" dal tuo corso online o prodotto fisico e venderlo ad un costo bassissimo, tipo 7€.

Anche in questo caso l'utente ha la possibilità di provare la qualità del prodotto a basso costo e rischio.
Abbiamo utilizzato la metodologia del tripwire in test A/B anche noi per la vendita di StartUp Marketing con ottimi risultati.

Esempio di tripwire

5.7.2.4. Self liquidation offer (SLO)

Questa metodologia, o tipo di funnel, ha lo scopo di vendere già in offerta un prodotto/servizio ad alto valore e medio costo (47-97€) in modo da ripagare già in questa fase le spese per generare i clienti e quindi andare subito a break even.
Nelle metodologie sopra elencate, spesso vai in perdita dato che l'entrata è molto bassa.
È vero che entrano più persone nella tua scala dei valori, ma è probabile che nel primo scalino tu sia ancora in negativo.
Con il funnel SLO, l'obiettivo è di andare in pareggio vendendo meno prodotti/servizi, ma ad un costo più alto e quindi pareggiare prima le spese.

Lo SLO funnel è anche chiamato **BREAK EVEN FUNNEL**: lo scopo non è di guadagnare dalla prima vendita, ma di pareggiare i costi per avere nel funnel più persone possibile.
Ogni acquisto successivo sarà puro profitto!

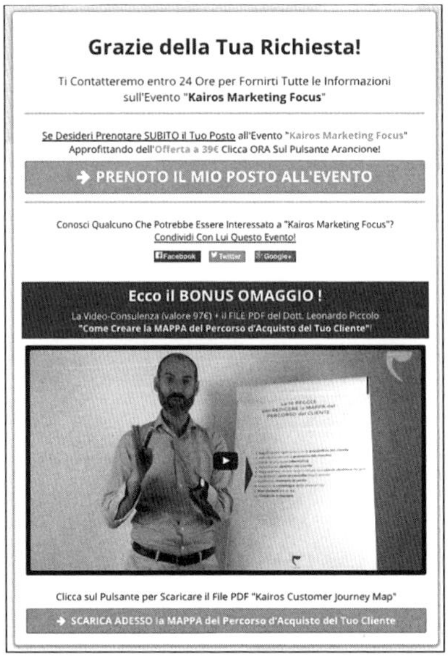

Esempio di self liquidation offer

5.7.2.5. Vendita diretta

Il funnel della vendita diretta è il funnel più comune per vendere a primo acchito il tuo prodotto o servizio.
Normalmente gli indici di vendita sono molto più bassi rispetto alle metodologie ed ai funnel sopra elencati, ma comunque esso rappresenta un funnel utile (e alle volte l'unico possibile in determinati business!).
L'offerta in questi casi funziona bene sul traffico caldo, che già sa chi sei e che hai scaldato con il bridge o con altre metodologie di offerta.
È molto valido sia che tu venda prodotti o servizi.

Esempio di vendita diretta

Questi sono alcuni esempi di offerte utilizzate per stimolare il tuo utente a tirar fuori la sua carta di credito, acquistare da te e diventare, quindi, un buyer.

Ma attenzione!

Esistono delle metodologie che puoi utilizzare fin da subito per aumentare il profitto sullo stesso cliente che ha acquistato la tua offerta (e sono utilissime, dato che aumenti l'entrata economica e raggiungi più velocemente il break even o il profitto).

5.7.3. Metodologie per trasformare i buyer in superbuyer

Ecco 5 metodologie che puoi utilizzare per trasformare il buyer in *superbuyer:*

1. **OTO**
2. **DOWN SALES**
3. **CROSS SELLING**
4. **BUMPS**
5. **PRODOTTI IN AFFILIAZIONE.**

5.7.3.1. OTO (One Time Offer)

La OTO è la pagina successiva a quella di acquisto da una delle offerte che hai visto prima ed è l'acronimo di *One Time Offer*, ovvero offerta che trovi una sola volta.
Se acquisti voli da Ryanair.com o prenoti hotel da Booking.com ad esempio, dopo l'acquisto "base" ti viene proposto qualcos'altro.

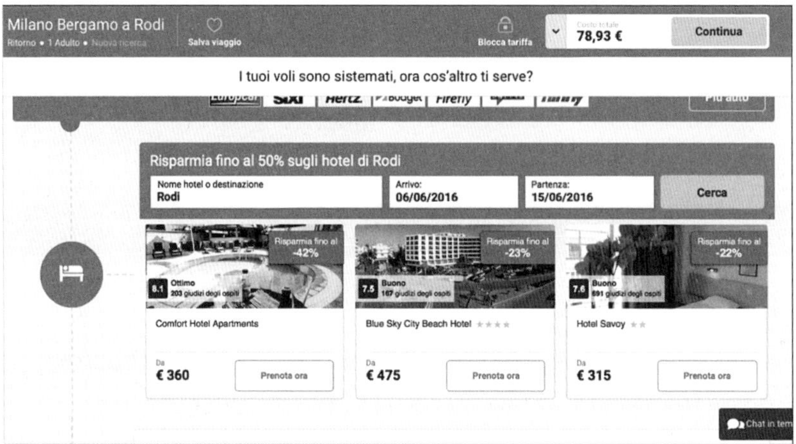

Esempio di one time offer

Funziona così: l'utente atterra sulla pagina dell'offerta e una volta che acquista, al posto di arrivare nella classica pagina "Grazie del tuo acquisto" atterra in una pagina che gli offre qualcosa in tema con ciò che ha appena acquistato ad un prezzo o condizioni particolarmente vantaggiosi.
La pagina offerta in questo caso deve avere 3 caratteristiche:

1. deve confermare che l'acquisto appena avvenuto è la cosa migliore che l'itente potesse fare
2. deve completare il prodotto/servizio appena acquistato
3. deve essere un'offerta davvero valida e che troverà solo in questa pagina.

Un esempio si trova nel settore dei prodotti per il benessere.

Una volta acquistato un prodotto (ad esempio un integratore), nella pagina successiva ne viene proposto l'acquisto di altri 3 al prezzo di due.

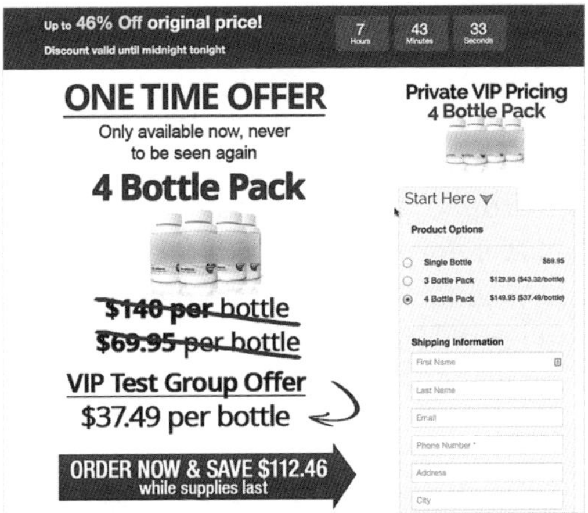

Esempio di one time offer per la vendita di prodotti

Noi utilizziamo la OTO subito dopo la pagina di acquisto del primo tripwire (per la prima offerta di vendita per StartUp Marketing) proponendo di non aspettare 6 mesi per accedere a tutto il programma, ma di acquistarlo subito ad un prezzo agevolato.
Al momento in cui ti scrivo, il 30% di chi entra in tripwire compra l'intero corso dalla OTO!

Esempio di one time offer per la vendita di servizi

5.7.3.2. Down sales

Questa strategia di vendita si utilizza per proporre prodotti o servizi a costi più bassi (o a condizioni di pagamento agevolate) successivamente alla OTO.

La down sale è mirata a provare a recuperare l'utente che non ha accettato la nostra proposta in OTO.
Forse è il costo troppo alto oppure le condizioni di pagamento *oneshot* che non convincono l'utente?
Bene! In questa pagina si prova a recuperare l'utente con un'offerta ancora più agevolata.

5.7.3.3. Cross selling

Il cross selling è la metodologia utilizzata per vendere prodotti abbinati a quello che abbiamo appena acquistato.

Il classico esempio è quello di Amazon.it, che ti propone le immagini di qualcosa che si abbina al prodotto acquistato, senza però fare sconti o offerte, ma al semplice prezzo della somma dei prodotti.

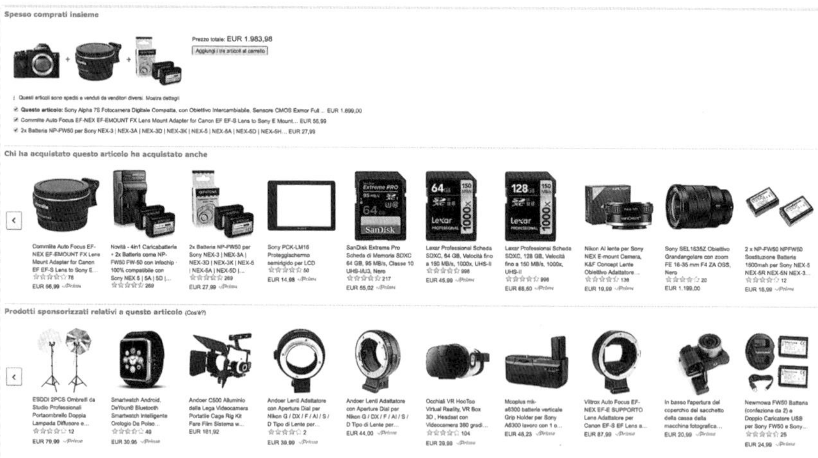

Esempio di cross selling

È un ottimo metodo per stimolare la vendita di prodotti aggiuntivi e complementari, che l'utente non aveva ancora pensato possano servirgli.

5.7.3.4. Bumps

Sono elementi aggiuntivi che vengono inseriti nella pagina di vendita nella quale viene proposto l'acquisto di un "qualcosa" di utile e complementare al prodotto/servizio che si sta per acquistare. Sono elementi che possono far incrementare il profitto della transazione in modo interessante.

Qui ti mostro un esempio del bump che abbiamo inserito per la vendita del nostro evento **FUNNEL MARKETING LIVE** e che ci ha permesso di vendere al 30% dei partecipanti la videoregistrazione in abbinamento al biglietto dell'evento.

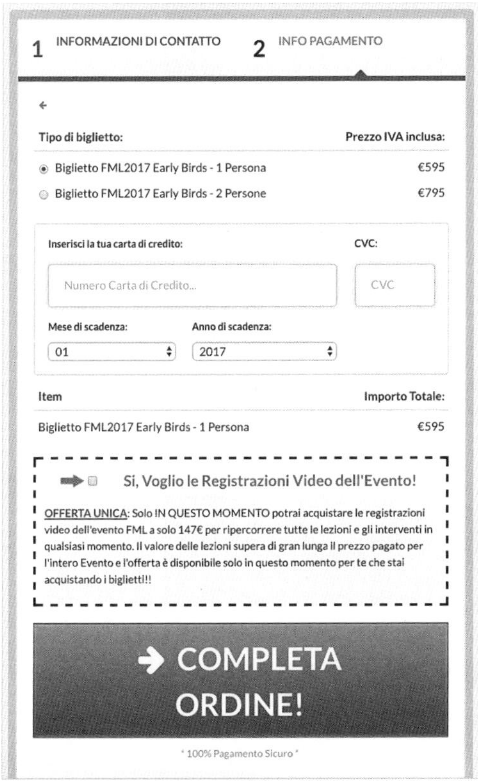

Esempio di bump

5.7.3.5. Prodotti in affiliazione

Un altro ottimo modo per aumentare il profitto su un buyer che ha appena acquistato una nostra offerta è quello di promuovere un prodotto/servizio in affiliazione.

In sintesi l'affiliazione è il sistema che ti permette di vendere un prodotto di altri attraverso un link unico di tua proprietà e che viene fornito dal venditore, in modo da tracciare la vendita e riconoscerti una percentuale su di essa.
Nel nostro caso, questo link viene inserito nella pagina di post ac-

quisto (thank you page), in modo da stimolare il cliente a fare un passo successivo.

Questo metodologia è molto utile se sei all'inizio e non hai diversi prodotti da poter promuovere.

Con l'affiliazione sfrutti il lavoro e le offerte di altri (che ovviamente devono avere un certo nesso con l'offerta che il tuo buyer ha appena acquistato) aumentando i margini di guadagno.

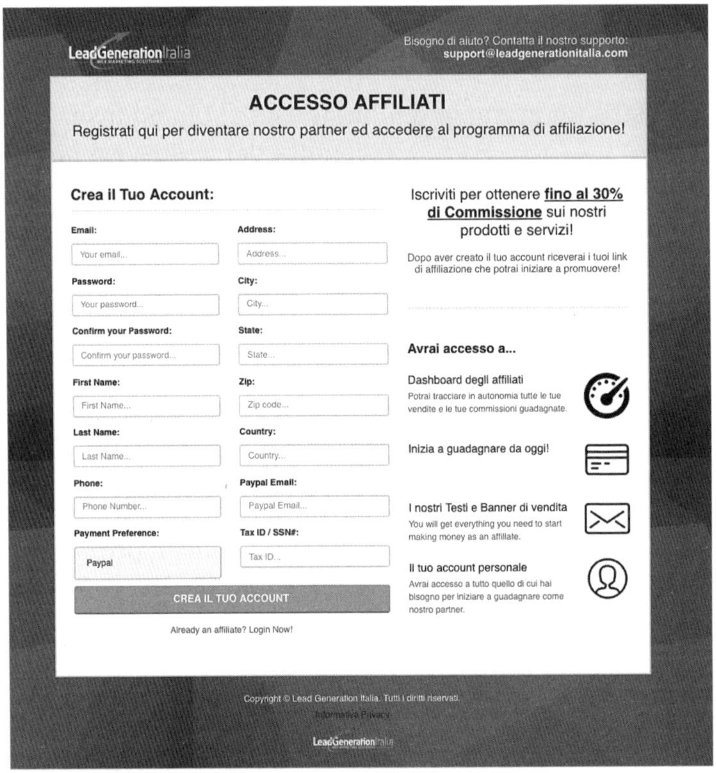

Esempio di affiliazione

Spesso mi viene chiesto quale di questi elementi sopra elencati deve essere utilizzato per lanciare le proprie offerte.

In linea di massima la risposta più comune è che tutti sono validi!

Ciò che devi fare è testare nel tuo business cosa funziona meglio e cosa no. Solo con la pratica e il feedback numerico del mercato potrai identificare quale singolo elemento (o combinazione di elementi) potrai utilizzare per ottenere i massimi risultati.

Ora che abbiamo visto la parte dell'offerta e cercato di raggiungere il prima possibile il break even point, possiamo dare avvio alla strategia di marketing generale dettata dalla scala dei valori e che abbiamo approfonditamente visto nel segreto n. 1.

UN MINUTO DI RIPASSO

In questo capitolo abbiamo imparato i seguenti concetti:

- l'importanza della prima offerta e i 3 vantaggi di essa:
  - identifichi buyer e superbuyer
  - abbassi la barriera della diffidenza, dato che gli permetti di "testarti" senza rischiare più di tanto
  - ti avvicini al break even, ovvero recuperi subito parte del budget investito nel traffico, ammortizzando il costo per ogni email (persone) entrata nel tuo funnel.

Abbiamo visto gli elementi che puoi utilizzare per fare la prima offerta:

a. **gratis-più-spedizione**
b. **prodotto/servizio di prova**
c. **tripwire**
d. **self liquidation offer**
e. **vendita diretta.**

PASSA ALL'AZIONE!

Arrivato a questo punto ti consiglio di fare una pausa nella lettura e andare nella sezione aggiornata di supporto al libro:

FunnelMarketingFormula.it/risorse

In 10-15 minuti potrai:

1. fare esercizi collegati al capitolo
2. mettere in pratica subito i concetti espressi e assimilare al meglio le informazioni che ti ho mostrato
3. vedere i video di approfondimento.

L'esercizio di questa sezione è quello di identificare gli elementi utili per impostare una strategia efficace che ti permetta di proporre la tua prima offerta.

Ti aspetto nella sezione online! :-)

5.8. Fase n. 6 – La value ladder (scala del valore-prezzo)

«Non cercare di essere un uomo di successo, ma un uomo di valore».

Albert Einstein

La fase di scala del valore delle 9 fasi dei funnel di marketing

Abbiamo già trattato la fase della scala del valore nel segreto n. 1 dove abbiamo visto che rappresenta la mappa per diversi imprenditori e professionisti che raggiungono cifre importanti.

Fondamentalmente questa fase è progettata per creare in modo concreto i 3 modi che suggerisce Jay Abraham per crescere e te li ricordo qui di seguito:

1. aumentare il numero dei clienti
2. aumentare il numero delle transazioni sullo stesso cliente
3. aumentare il valore delle transazioni.

La progettazione della scala dei valori è, a mio avviso, il **cuore pulsante di tutta la strategia generale** perché è quella che, se ben ideata, ti porta a sviluppi di business notevoli.

5.8.1. Il segreto della scala dei valori

Il vero segreto della scala dei valori è che devi avere **un funnel dedicato per ogni scalino**.
Raramente con un solo funnel si raggiungono crescite importanti. Se invece, per ogni step della tua scala pensi in "modalità pre-frame" (come ti ho spiegato all'inizio di questo segreto), ti verrà più semplice progettare un funnel che cerchi di raggiungere l'indice di conversione più alto possibile per far compiere L'AZIONE SPECIFICA di quello step.

Michele Tampieri durante una videospiegazione della scala del valore

Cerco di spiegarmi meglio.
Abbiamo visto che la scala dei valori è un insieme di funnel che portano l'utente a salire il primo gradino diventando cliente, poi a farlo procedere ulteriormente offrendogli altri prodotti/servizi. Se una volta progettata la scala, nel suo insieme, ti concentri a progettare e sviluppare i funnel di ogni scala, la conseguenza

diretta è che la strategia generale che hai pensato ti porti ai risultati voluti.

Il concetto che NON esiste solo un funnel credo sia assodato, tant'è vero che solo nel nostro corso insegniamo 14 tipi di funnel diversi che hanno obiettivi diversi e che si posizionano sui 3 macro step della scala dei valori, che sono front end, middle end e back end.

Perché diversi funnel per diversi scalini?
Perché ogni funnel ha delle caratteristiche che facilitano il raggiungimento degli obiettivi preposti in quello step della tua scala dei valori.

Come puoi immaginare, dovrei scrivere un solo libro per spiegare uno ad uno i vari tipi di funnel che esistono, ma per darti una veloce overview dei vari funnel e perché sono in un determinato scalino della scala dei valori (che nei video chiamo value ladder), ti invito ad accedere alla sezione:

FunnelMarketingFormula.it/risorse

dove accenno ad ogni tipologia di funnel.

Ora che abbiamo visto anche la fase n. 6 con la scala dei valori, passiamo ad un'altra delle fasi chiave del processo che è quella della **LEAD NURTURING** e gestione dei "NO".

A mio avviso è incredibile come, nella stragrande maggioranza di attività di marketing che vedo fare, non ci sia la minima attenzione alla fetta di torta di più ampia di coloro che sono in un funnel... ovvero coloro che non accettano le nostre offerte, e che spesso vengono completamente dimenticati.
Considera che parliamo del 90%-99% della torta!

Nella prossima fase, vedremo come poter gestire al meglio i "NO" e come ottenere profitti da coloro che abbiamo già pagato come costo di acquisizione cliente.

PASSA ALL'AZIONE!

Arrivato a questo punto ti consiglio di fare una pausa nella lettura e andare nella sezione aggiornata di supporto al libro:

FunnelMarketingFormula.it/risorse

In 10-15 minuti potrai:

1. fare esercizi collegati al capitolo
2. mettere in pratica subito i concetti espressi e assimilare al meglio le informazioni che ti ho mostrato
3. vedere i video di approfondimento.

L'esercizio di questa sezione, se non l'hai già fatto, è quello di sviluppare la tua scala dei valori.

Ti aspetto nella sezione online! :-)

5.9. Fase n. 7 – Lead nurturing (gestione dei “NO”)

«Penso che tutte le grandi innovazioni siano costruite su dei rifiuti ricevuti».

Louis-Ferdinand Céline

La fase di lead nurturing all'interno delle 9 fasi dei funnel di marketing

La fase n. 7 è di estrema importanza, dato che è progettata e pensata per quella stragrande maggioranza di persone che sono entrate nel tuo funnel ma che non hanno compiuto l'azione di acquisto o di lead generation.

Questa fase è successiva a quella del funnel vero e proprio ed è la prima del POST FUNNEL dato che vengono trattati i “NO”, una fase che spesso viene tralasciata (sbagliando in modo evidente) dato che il “NO” ricevuto andrebbe letto come “NON ORA”.

Le 2 domande che nascono spontanee sono:

“È normale che siano più le persone che non accettato la mia proposta che quelle che l'hanno accettata?”

Assolutamente si!

"Dato che sono la stragrande maggioranza, come posso gestire i NO?"
Il modo migliore per gestire i NO è applicare il processo di lead nurturing continuando a dare "VALORE" e mantenendo con il lead un costante contatto.

Vediamo quindi cos'è la lead nurturing e perché è così importante.

5.9.1. Cos'è la lead nurturing e la sua importanza

La *lead nurturing* è il termine tecnico inglese che viene utilizzato per denominare la fase di *nutrimento del lead*, dove il lead è ovviamente il contatto che è entrato nel funnel, che ha visto o ricevuto le offerte, ma non le ha accettate.
Questo significa che il lead non è pronto per acquistare.
Se studi marketing da un po' sai benissimo che il lead non acquista quando siamo pronti noi, ma lo fa quando è pronto lui!
Dalla nostra esperienza il fattore persuasivo per eccellenza è il fattore TEMPO. Più rimani in contatto con le persone e maggiore è la probabilità che prima o poi la persona acquisti da te o ti invii una richiesta di contatto.

La lead nurturing consiste nel comunicare via email e social, con la tua lista e follower, dando contenuti di valore che continuino il processo di formazione e differenziazione che hai utilizzato nella prima fase del funnel.
Noi di Lead Generation Italia condividiamo sui social il contenuto "nuovo" da blog.
Coloro che sono iscritti alle liste ricevono la mail con la spiegazione del contenuto e il link diretto al blog.
I follower dei social che utilizziamo (Facebook, YouTube, LinkedIn) ricevono la condivisione.
In questo modo cerchiamo di diffondere al massimo il contenuto di valore che abbiamo prodotto.
Ogni nostro contenuto di lead nurturing ha due macro obiettivi.

Il primo obiettivo è di **dare valore** dato che forniamo suggerimenti, analisi, esempi di funnel, casi studio, ecc. che devono essere realmente utili all'utente senza apparire come una vendita diretta.
Successivamente ti darò qualche idea per sviluppare post di valore. Di base, però, ti consiglio di focalizzare la tua attenzione a cosa veramente potrebbe essere utile al tuo lettore.

Il secondo obiettivo è quello di dare all'utente il "**RICHIAMO ALL'AZIONE**" con un pulsante, link, pop up, che porti alla pagina di vendita o di contatto.
Noi facciamo il 30% delle vendite/lead in fase di funnel diretto ma l'altro 70% lo riceviamo a seguito della pubblicazione di post e/o video, perché il contenuto che diffondiamo potrebbe essere quello che fa scattare quel "clic" nella testa del tuo utente per fargli dire "Ok! Forse questi hanno la soluzione che fa per me!" e non puoi perdere l'occasione di convertire il lettore in un cliente.

5.9.2. Motivi per cui DEVI fare lead nurturing per gestire i "NO"

Ci sono diversi motivi che dovrebbero stimolarti a sviluppare un continuo nutrimento dei lead in questa fase di lead nurturing post funnel attraverso un contatto costante:

1. **RICONOSCIMENTO**
2. **CREDIBILITÀ**
3. **TOP REMINDER**
4. **EDUCAZIONE**
5. **TEMPO.**

RICONOSCIMENTO

Il fatto di rimanere in contatto costante con l'utente ti permette di essere "riconosciuto" come autorità per quella nicchia di mercato. Se vedranno un tuo post o la tua email, sapranno già chi sei e non temono che sia spam o altro. Il fatto di diventare una autorità è simile all'effetto pubblicitario per rendere noto un prodotto in TV, facendolo entrare nella "zona di comfort" della persona.

CREDIBILITÀ

Il rimanere in contatto con le persone con tono amichevole (e non aziendale) continuando a dare contenuti di valore, fa sì che la tua credibilità aumenti.
Aumentare la credibilità aiuta molti processi decisionali che portano a compiere l'azione di acquisto o di richiesta contatto e molto spesso è uno degli elementi che ti aiuta ad uscire dalla guerra dei prezzi.

TOP REMINDER

L'effetto *top reminder* è la conseguenza del rimanere nella "testa dell'utente" nel tempo e quando lui è pronto a ricordarsi che sei tu la soluzione che necessita, allora si "farà vivo".

EDUCAZIONE

Lead nurturing significa "nutrire il lead" con elementi di valore che spesso sono educazionali.
Più educhi l'utente e più aumentano le possibilità che si trasformi da "NO" a "SÌ".

TEMPO

La tecnologia attuale permette di automatizzare gran parte dei processi in questa fase della lead nurturing, sviluppando una comunicazione costante, credibilità ed educazione del potenziale cliente in modo automatico e risparmiando montagne di tempo nello spiegare sempre le stesse cose.

La connessione con i tuoi follower e utenti potrebbe essere un blog o un canale social, pertanto i contenuti che potresti utilizzare sono variabili e adattati al canale che scegli.
Sia il blog che i social richiedono una comunicazione "fresca" e diretta ma, in linea di massima, sul blog hai più possibilità di utilizzare contenuti più lunghi e formativi, mentre sui social devi essere più sintetico e veloce.

ALESSIO BELTRAMI è un bravissimo professionista con il quale collaboriamo per aiutare imprenditori e professionisti nel miglior utilizzo del blog e lead nurturing. Qui condivide con noi spunti interessanti sul content marketing abbinato ai funnel di vendita.

Alessio Beltrami

COME CONTENUTI E BLOG POSSONO AIUTARE IL TUO MARKETING?

Ogni volta che sul web un cliente entra in contatto con un'azienda lo fa grazie a un contenuto.
Un video, un testo – breve o lungo che sia – un audio o un'immagine.
Il rapporto che online lega clienti e contenuti è palese, ma forse proprio a causa della sua evidenza, spesso è sottovalutato nel web marketing.

Considera questa mia premessa come una riflessione doverosa, la faccio ogni volta che mi si chiede del mio lavoro come consulente specializzato in content marketing. Infatti, vedere il marketing di contenuti come una "strada alternativa" al marketing online significa perdere di vista che ogni attività di marketing online si basa sui contenuti.
In pratica, ogni attività di marketing è in qualche modo una forma di content marketing.

Compreso questo, è chiaro che la produzione di contenuti diventa vitale per vincere la competizione che ogni giorno aziende e professionisti combattono online.
Da un lato le cose si sono semplificate, oggi abbiamo informazioni sempre più precise sul comportamento degli utenti (cosa fanno quando entrano in contatto con i nostri contenuti) e la possibilità di automatizzare di conseguenza azioni di marketing intelligenti.
Dall'altro, la competizione si è alzata perché le aziende hanno compreso il potere dei contenuti investendo in questa direzione. Quindi, se prima comunicare in modo chiaro era sufficiente per distinguersi dal rumore di fondo del web, oggi la competizione alza l'asticella, richiedendo contenuti sempre più pertinenti oltre che facili da comprendere.

Quest'ultimo punto è alla base di ogni attività di content marketing: smettere di considerare i contenuti come una semplice commodity.
Quando accade, le nostre energie, la nostra attenzione e le nostre risorse si orientano automaticamente verso un obiettivo chiaro: realizzare contenuti capaci di rispondere a domande precise degli utenti.

Applicare correttamente anche solo questo primo punto fa una differenza abissale con il vecchio approccio di produzione contenuti. Dove il valore è sempre stato quantitativo, "un tot al kg", come se la natura del contenuto stesso e la sua pertinenza con le esigenze dei clienti fossero aspetti marginali.

Preciso questo prima di parlare del blog, proprio perché una delle attività che richiedono maggiore impegno nella produzione di contenuti è quella del blog aziendale. Nonostante sia uno degli strumenti più datati del web – e privo del fascino di cui godono le app e i social del momento – il blog resta uno degli strumenti più importanti per fare content marketing.

Se hai perplessità sull'effettiva efficacia del blog è naturale. D'altronde... ***oggi nessuno legge, nessuno ha tempo, le app sono sempre a portata e i blog restano un ricordo grigio del passato.***

Pensare anche solo una di queste cose corrisponde a un ragionamento logico (esistono dati reali a sostegno di queste tesi).
La mia sfida però è quella di fornire un'altra prospettiva per aiutarti a capire in che modo la creazione di contenuti possa tradursi in risultati migliori anche grazie alla cornice del blog.

Andiamo per gradi ripercorrendo le affermazioni fatte poco fa.

Oggi nessuno legge

Oggi "consumiamo" contenuti e più difficilmente leggiamo a lungo sul nostro schermo (non ho detto che non lo facciamo). Questo è legato in buona parte al contesto: la cornice tipo che ospita un contenuto online è ricca di distrazioni (pensa ai social) che richiamano l'attenzione del lettore spostando il focus dal contenuto.
È come se ogni volta che decidessi di dedicarti ad approfondire qualcosa, tutti si mettessero d'accordo per richiamare la tua attenzione. Inoltre, la struttura del social media non è propriamente pensata per offrire la massima leggibilità e questo perché il tuo ruolo sul social non deve essere solo quello del lettore passivo.
Quindi è vero, oggi leggiamo molto meno, ma nel contesto adatto – senza distrazioni e con una buona fruibilità del contenuto – non disdegniamo di approfondire ciò che ci interessa.
Il blog lavora in questa direzione, è un po' alla vecchia maniera, ma ti assicuro che, quando un utente finisce di leggere un tuo articolo di 1500 parole trovando informazioni pertinenti e utili, la sua attenzione nei tuoi confronti sarà massima. E la sua consapevolezza nei confronti di ciò che potresti fare per lui sarà ottimale per chiedergli di fare il "passo successivo".

Oggi nessuno ha tempo

Oggi nessuno ha tempo da buttare per contenuti inutili, difficili da comprendere,

banali, vaghi, dispersivi. Nessuno ha tempo per schivare notifiche e pop up, ma tutti hanno tempo per approfondire la lettura di un contenuto quando la ricompensa è proporzionata.
In generale il cliente è egoista e vuole guadagnarci quindi la ricompensa è proporzionata quando ciò che ottiene vale più del tempo che ha investito. Per questo il tuo lavoro nella creazione dei contenuti di un blog dovrebbe essere quello di assicurarti che sotto ogni punto di vista le perdite di tempo siano a carico tuo.
Devi fare tu il lavoro sporco semplificando, riassumendo, trovando strade alternative che facilitino la vita al cliente. Se lo fai, chi è dall'altra parte del monitor te ne sarà grato dandoti il suo tempo e ottenere attenzione e tempo senza deludere è il primo passo per la costruzione di un rapporto di fiducia.

Le app sono sempre a portata

Non ho blog nelle icone del mio smartphone, ma app. App utili, alcune le uso quotidianamente, altre per brevi periodi e poi le cancello. Quando però cerco risposte, risposte importanti, allora guardo altrove. Non necessariamente su un blog, ma nella mia ricerca le app non sono contemplate, i blog sì. Quindi è vero che oggi il mondo online non è fatto unicamente da pagine web, ma la nostra ricerca di soluzioni quando diventa davvero importante tende a spegnere le icone delle app e ad accendere su Google dove i blog sono di casa.

I blog sono un ricordo grigio

Non sono trendy, non sono sexy e "puzzano" un po' di vecchio. Ecco l'ho detto. Le informazioni racchiuse al loro interno però hanno un peso specifico decisamente alto. Attenzione, questo non è un principio universale, castronerie se ne trovano a bizzeffe sui blog, ma se il tuo obiettivo è dare la massima credibilità al tuo messaggio, il blog è tra le scelte migliori a tua disposizione.
È un vero e proprio media proprietario e questo trasforma la tua azienda in una *media company*. In pratica diventi una fonte autorevole di informazioni e non una delle tante "televendite" presenti sul web.

Tutto questo, se hai un buon marketing ingegnerizzato con un **funnel di vendita**, non può che giovare ai tuoi risultati.

Ad ogni passo che compie, l'utente cerca risposte e così dovrebbe essere pensato ogni contenuto del tuo blog, come la risposta più pertinente ad esigenze specifiche.
Se concepisci i tuoi contenuti in questo modo e utilizzi la cornice del blog per diffondere, crei la condizione migliore per ottenere attenzione, interesse e fiducia da parte degli utenti e quando questo accade ogni altra attività di marketing ne giova in maniera diretta.
Ecco perché oggi per le tue vendite ha ancora senso parlare di contenuti e blog.

5.9.3. *Quali contenuti potrei creare e pubblicare?*

Ecco alcune 11 idee per lo sviluppo della tua fase di lead nurturing:

1. CHECKLIST
2. COME FARE A...
3. DOMANDE E RISPOSTE
4. FAQ (DOMANDE FREQUENTI)
5. IDEE E ISPIRAZIONI
6. SFIDE
7. CREDENZE E OBIEZIONI
8. COSA SUCCEDE OGGI
9. STORIE
10. TESTIMONIANZA
11. CASO STUDIO.

La **CHECKLIST** è il contenuto testuale, pdf o video nel quale elenchi un insieme di elementi che compongono la tipologia di processo o formazione che desideri dare.

COME FARE A... è il classico contenuto nel quale si insegna a fare qualche cosa di utile per l'utente.

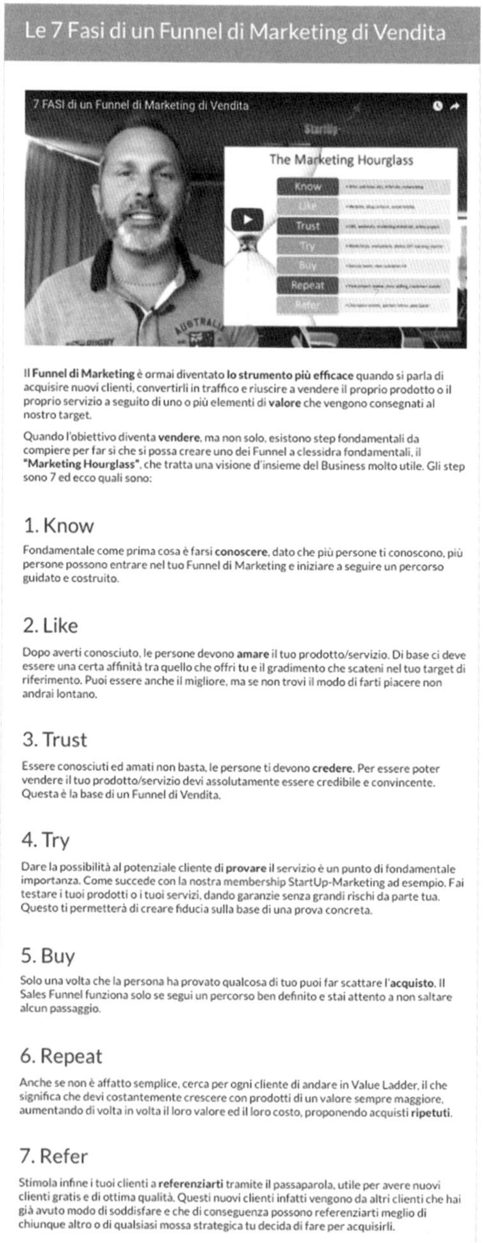

Le 7 Fasi di un Funnel di Marketing di Vendita

Il **Funnel di Marketing** è ormai diventato **lo strumento più efficace** quando si parla di acquisire nuovi clienti, convertirli in traffico e riuscire a vendere il proprio prodotto o il proprio servizio a seguito di uno o più elementi di **valore** che vengono consegnati al nostro target.

Quando l'obiettivo diventa **vendere**, ma non solo, esistono step fondamentali da compiere per far si che si possa creare uno dei Funnel a clessidra fondamentali, il **"Marketing Hourglass"**, che tratta una visione d'insieme del Business molto utile. Gli step sono 7 ed ecco quali sono:

1. Know

Fondamentale come prima cosa è farsi **conoscere**, dato che più persone ti conoscono, più persone possono entrare nel tuo Funnel di Marketing e iniziare a seguire un percorso guidato e costruito.

2. Like

Dopo averti conosciuto, le persone devono **amare** il tuo prodotto/servizio. Di base ci deve essere una certa affinità tra quello che offri tu e il gradimento che scateni nel tuo target di riferimento. Puoi essere anche il migliore, ma se non trovi il modo di farti piacere non andrai lontano.

3. Trust

Essere conosciuti ed amati non basta, le persone ti devono **credere**. Per essere poter vendere il tuo prodotto/servizio devi assolutamente essere credibile e convincente. Questa è la base di un Funnel di Vendita.

4. Try

Dare la possibilità al potenziale cliente di **provare** il servizio è un punto di fondamentale importanza. Come succede con la nostra membership StartUp-Marketing ad esempio. Fai testare i tuoi prodotti o i tuoi servizi, dando garanzie senza grandi rischi da parte tua. Questo ti permetterà di creare fiducia sulla base di una prova concreta.

5. Buy

Solo una volta che la persona ha provato qualcosa di tuo puoi far scattare l'**acquisto**. Il Sales Funnel funziona solo se segui un percorso ben definito e stai attento a non saltare alcun passaggio.

6. Repeat

Anche se non è affatto semplice, cerca per ogni cliente di andare in Value Ladder, il che significa che devi costantemente crescere con prodotti di un valore sempre maggiore, aumentando di volta in volta il loro valore ed il loro costo, proponendo acquisti **ripetuti**.

7. Refer

Stimola infine i tuoi clienti a **referenziarti** tramite il passaparola, utile per avere nuovi clienti gratis e di ottima qualità. Questi nuovi clienti infatti vengono da altri clienti che hai già avuto modo di soddisfare e che di conseguenza possono referenziarti meglio di chiunque altro o di qualsiasi mossa strategica tu decida di fare per acquisirli.

Esempio di check list

Esempio di contenuto "come fare a..."

Esempio di FAQ

DOMANDE E RISPOSTE è un ottimo contenuto di valore, dato che si risponde alla domanda di una persona o follower che fa parte della lista e che potrebbe rappresentare un interrogativo che avrebbero fatto altre persone.

Le **FAQ** *sono le domande frequenti* e rispondere in anteprima permette di utilizzare il contenuto per "sciogliere" i dubbi dell'utente, aumentando la tua credibilità.
Inoltre è un contenuto che potresti utilizzare per rispondere in modo veloce alle stesse domande che potresti ricevere via email o social dai tuoi utenti.

IDEE E ISPIRAZIONI è un ottimo contenuto social da condividere sia per il concetto che vuoi esprimere con l'idea o ispirazione ma anche per avere un feedback da parte dei tuoi follower per capire se la tua idea è valida o meno.
Alle volte commenti, critiche e suggerimenti dei tuoi follower ti aiutano ad aggiustare la mira sull'idea che avevi avuto.

Esempio di anticipazione condivisa sui social

La **SFIDA** è un contenuto che spesso coinvolge i tuoi follower e che potrebbe risultare virale, come l'esempio dell'*Ice Bucket Challenge*.

Creare un contenuto sulle **CREDENZE E OBIEZIONI** in anticipo è utile per chiarire alcuni dubbi che il tuo utente potrebbe avere ed educarlo in modo alternativo.

Esempio di contenuto costruito su credenze e obiezioni

COSA SUCCEDE OGGI è un ottimo contenuto per coinvolgere i follower in una qualche situazione a cui partecipi in prima persona (esempio un evento, un processo formativo, un incontro, ecc.).

Esempio di condivisione sui social di partecipazione ad un evento

Le **STORIE** sono un eccellente modo per semplificare concetti complicati e far sì che rimangano meglio nella testa delle persone. Sullo storytelling ci sono ottimi libri e contenuti che ti invito a leggere per meglio padroneggiare l'argomento.

La **TESTIMONIANZA** rimane uno dei contenuti più efficaci da utilizzare post-funnel in lead nurturing, per aumentare credibilità e formare l'utente. La referenza rimane nelle memorie delle persone attraverso la voce, il testo e la faccia di una persona (che racconta la propria storia e i propri risultati) ed è un elemento fortemente persuasivo che devi assolutamente utilizzare.

Esempi di testimonianze

Il **CASO STUDIO** è un ottimo contenuto per nutrire e formare i "NO" raccontando le necessità e i risultati che hanno ottenuto altre persone, imprenditori o professionisti che si sono affidati a te, al tuo servizio o che hanno acquistato il tuo prodotto.

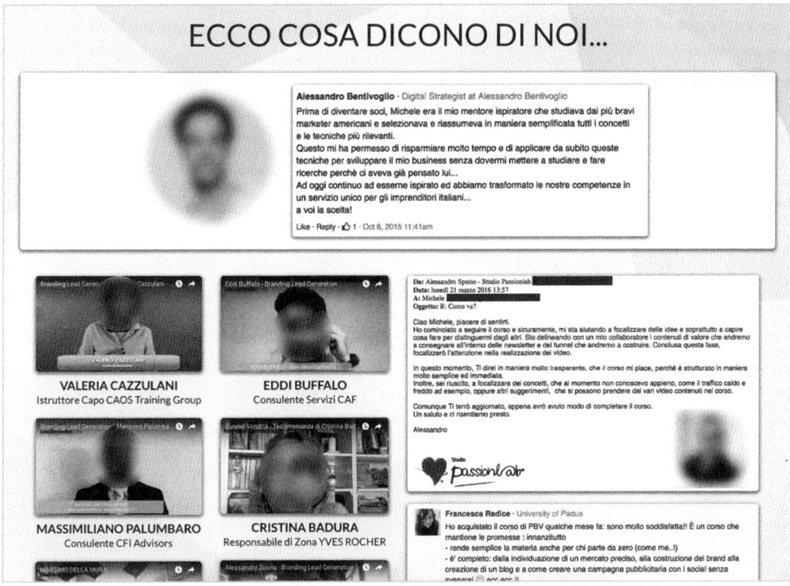

Esempi di contenuto costruito su casi studio

In questa fase abbiamo visto l'importanza di gestire le persone che al momento non sono pronte ad acquistare da noi (o a richiedere maggiori informazioni) ma che potrebbero esserlo in futuro. Abbiamo anche visto i vantaggi che si ottengono nel fare lead nurturing e 11 diverse idee per sviluppare i tuoi contenuti di valore.

Progettare e postare con costanza i tuoi contenuti ti permetterà di trasformare una parte dei "NO" in "SÌ", aumentando così l'indice di conversione e profitti sui potenziali clienti acquisiti in fase di list building.

Nella prossima fase, dopo aver parlato dei "NO", vedremo cosa fare per coloro che ci hanno detto "SÌ", che sono diventati nostri clienti e come stimolarli nel processo di passaparola con il ***referral marketing.***

UN MINUTO DI RIPASSO

In questo capitolo abbiamo imparato i seguenti concetti:

- cos'è la **lead nurturing** e perché è così importante
- quali sono i **benefici** che ottieni nel fare **content marketing**:
  a. riconoscimento
  b. credibilità
  c. top reminder
  d. educazione
  e. tempo.
- quali sono le **11 idee** per poter sviluppare il tuo piano editoriale di content marketing:
  a. checklist
  b. come fare a...
  c. domande e risposte
  d. FAQ (domande frequenti)
  e. idee e ispirazioni
  f. sfide
  g. credenze e obiezioni
  h. cosa succede oggi
  i. storie
  j. testimonianza
  k. caso studio.

PASSA ALL'AZIONE!

Arrivato a questo punto ti consiglio di fare una pausa nella lettura e andare nella sezione aggiornata di supporto al libro:

FunnelMarketingFormula.it/risorse

In 10-15 minuti potrai:

1. fare esercizi collegati al capitolo
2. mettere in pratica subito i concetti espressi e assimilare al meglio le informazioni che ti ho mostrato
3. vedere i video di approfondimento.

L'esercizio di questa sezione è quello di progettare i post e i contenuti che potresti fare per avere una fase di lead nurturing efficace.

Ti aspetto nella sezione online! :-)

5.10. Fase n. 8 – Referral marketing: il marketing del passaparola

«I clienti soddisfatti sono il miglior metodo per superare le obiezioni sul prezzo e chiudere la vendita».

Jeffrey Gitomer

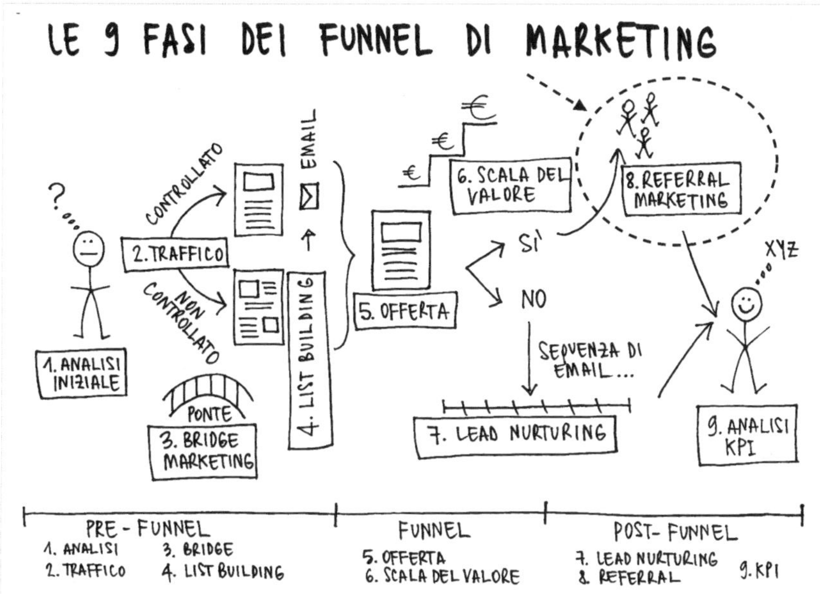

La fase di referral marketing all'interno delle 9 fasi dei funnel di marketing

Il *referral marketing* è il sinonimo inglese del "marketing del passaparola" ed è una delle strategie più utilizzate per acquisire nuovi clienti o contatti interessati al tuo business, senza investimenti pubblicitari.
Tecnicamente è la forma di promozione più comune e potente al mondo, dato che avviene quando qualcuno, che ha usufruito dei tuoi prodotti/servizi, parla bene (o male!) di te con altre persone, le quali vengono da te con un *mindset* molto propenso all'acquisto.

Per molti business e professionisti, questo è il punto di partenza del proprio sistema di marketing, dato che basano totalmente il loro business sul passaparola (commercialisti, dentisti, architetti, ecc.).

A mio avviso, avere SOLO questo sistema di marketing è estremamente rischioso, dato che non ti permette di avere un vero e proprio sistema da te controllato.
Gli americani parlano di *Hope Marketing* (marketing della speranza) rivolgendosi a coloro che fanno affidamento solo su questo sistema, perché tutto è basato sulla speranza che qualcuno parli bene di te e che venga nel tuo negozio, sito, attività, ecc.

Il referral marketing è diventato utile (e pericoloso nello stesso momento) con l'avvento dei social network, dato che ora la possibilità di condividere i propri pensieri e commenti ha un canale di ridondanza molto più potente rispetto a pochi anni fa.
Pensa solo al potere decisionale che in fase di acquisto può avere un 5 stelle di Amazon o nella scelta di un hotel con le recensioni che trovi su Booking.com.

Esempio di recensione di un prodotto su Amazon.com

Gestire totalmente il referral marketing è impossibile, ma data l'importanza che questo strumento può ricoprire, lo riteniamo un aspetto che DEVI considerare nel tuo funnel di marketing, e per questo è l'8° fase del processo.

In questa sezione vedremo come poter utilizzare il marketing del passaparola a tuo favore stimolando l'acquisizione di clienti e il conseguente aumento delle vendite, partendo da coloro che sono già stati tuoi clienti.

5.10.1. Perché in Italia non si fa referral marketing?

Se i big del mercato online spingono così tanto sul passaparola, non ti viene da pensare che sia davvero utile come leva di marketing?

Eppure in Italia sono poche le attività, siti ed e-commerce che progettano e stimolano il referral marketing e dalla mia esperienza le motivazione per cui non lo usano sono quattro:

1. non lo si valuta importante
2. si pensa che una volta che il cliente abbia comprato, finisce tutto
3. mancanza di un sistema
4. paura del rifiuto o del commento negativo.

5.10.2. Perché dovresti progettare il tuo sistema di referral marketing

Ci sono sei leve che dovrebbero stimolarti a progettare nel tuo processo di funnel di marketing anche il referral marketing e sono le seguenti:

1. le persone amano referenziare, commentare, parlare e fare passaparola, positivo o negativo, per ciò che "vivono" e acquistano (es. località o ristorante)
2. il ROI è altissimo, dato che potresti avere un margine dei profitti molto alto rispetto ad altre strategie di marketing
3. identifichi meglio il tuo target, dato che ti arrivano persone in linea con il tuo cliente ideale

4. aumenti la tua credibilità, dato che un passaparola positivo è la pubblicità più efficace che ci possa essere
5. non ricadi nella guerra del prezzo, dato che chi viene da te ha già probabilmente chiaro il motivo per cui scegliere te e il tuo prodotto/servizio... e spesso non è il prezzo
6. sei stimolato a dare il 110%, dato che, stimolando il passaparola, il tuo *mindset* sarà quello di soddisfare al 110% i tuoi clienti per far sì che parlino bene di te.

Credo che il 6° punto sia fondamentale per sviluppare in modo automatico un referral marketing positivo, tant'è vero che la domanda chiave che ti dovresti porre, ancora prima di parlare di strategia, è:

"Cosa posso fare per i miei clienti da renderli così soddisfatti da referenziare il mio prodotto/servizio?"

Prova a pensare a tutti gli aspetti di "esperienza" che vive il tuo cliente; da quando accede per la prima volta al tuo funnel, fino al processo di formazione e valorizzazione, al processo di acquisto, a quello di consegna, a quello di assistenza, ecc.
Come puoi essere eccellente in modo da fargli avere l'effetto WOW?!?

Un esempio di testimonianza positiva tratta dal nostro sito:

> *Finalmente sono riuscito ad avere a che fare con dei professionisti! Mi avete preso per mano e guidato in un processo, trasformando la mia idea in un messaggio che arriva ai miei potenziali clienti e quando questi mi chiamano hanno già sposato la mia filosofia di lavoro, sanno già chi sono e che tipo di servizio vogliono, facendomi risparmiare soldi e tempo! Vi suggerirei a chi ha un servizio innovativo, che deve spiegarlo ai potenziali clienti e non può farlo mettendo una scheda tecnica su un sito, ma deve arrivare a parlare con questi clienti, che spesso sono in un raggio d'azione geografico troppo ampio per andarci fisicamente!*
> Simone Anniballi – CAOS Training Group Srl, caos-animazione.it

5.10.3. *Chi sono i tuoi potenziali referenziatori e quando creare l'accordo*

I tuoi *referenziatori* in un sistema di referral marketing sono potenzialmente tutti coloro che entrano in contatto con te, ma io ti suggerisco di approcciare inizialmente clienti soddisfatti!

Ci sono diversi momenti nei quali puoi stimolare la relazione:

1. IN FASE DI ACCORDO INIZIALE

Ricordo un consulente americano che proponeva ai suoi clienti un accordo nel quale avrebbe fornito il servizio/prodotto gratis se avesse chiuso tre nuovi contratti con aziende referenziate dal neo cliente.
Ora fai un veloce pensiero ai numeri potenziali.
Tre clienti portano nove clienti, che a loro volta portano ventisette clienti e così via.
Forse non tutti i business lo permettono, ma per alcuni è la base (esempio il network marketing).

2. ALLA CONSEGNA DEL PRODOTTO O SERVIZIO

Spesso questa è la fase di piena soddisfazione da parte del cliente e sfruttarla a tuo vantaggio può essere molto utile per stimolare il passaparola.
Il classico esempio è quello di Amazon o Booking che richiedono un feedback poco dopo la ricezione della merce o il ritorno dalla vacanza.

3. QUANDO LANCI UN NUOVO PRODOTTO O SERVIZIO

Questa è una fase nella quale coinvolgere più persone e partner crea un "buon rumore".
Un ottimo esempio è quello dei lanci di infoprodotti con JV (Joint Venture) in affiliazione con altri marketer per farlo condividere da ognuno con la propria lista e così generare traffico tiepido verso il tuo funnel.

4. DURANTE LE FASI DI CHECK UP

Spesso, in questa fase, il rapporto tra cliente e fornitore è diventato di piena fiducia, pertanto è un ottimo momento per proporre strategie di referral marketing.

5.10.4. Come aiutare la conversione per il partner

Imprenditori e professionisti hanno tante cose da fare, pertanto è fondamentale agevolarli fornendo loro un insieme di elementi e strumenti.
Quando decidi di iniziare a fare referral marketing è utile aver pronto un documento o video in cui spiegare i vari passaggi della collaborazione.

Ecco i punti principali che dovrebbero essere trattati:

A. chi sono i clienti che cerchiamo

B. per chi è e per chi non è (meglio non perdere tempo)

C. il messaggio e promessa principale

D. il processo e le condizioni che offri ai nuovi partner

E. cosa fare e come devono farlo

F. la follow up di controllo.

È fondamentale rendere le cose semplici e chiare e ovviamente mantenere le promesse!

Un altro aspetto del referral marketing che puoi utilizzare è quello di avere una pagina di testimonianze da presentare in tutte le tue offerte in modo da mostrare il valore che hai già fornito ad altri clienti.

Le testimonianze come esempio di referral marketing

Ora che abbiamo visto come ottimizzare il marketing del passaparola, procediamo con la fase n. 9 che chiude il processo e dove si analizzano le KPI e si valuta il COSA e il COME ottimizzare per avere una "macchina" sempre più efficace da un punto di vista di profittabilità e automazione.

UN MINUTO DI RIPASSO

In questo capitolo abbiamo imparato i seguenti concetti:

- cos'è il **referral marketing** e perché è così importante per poter avere clienti tiepidi a costo zero
- chi sono i **potenziali "referenziatori"** e come poter **prendere accordi** in modo da facilitare il processo.

PASSA ALL'AZIONE!

Arrivato a questo punto ti consiglio di fare una pausa nella lettura e andare nella sezione aggiornata di supporto al libro:

FunnelMarketingFormula.it/risorse

In 10-15 minuti potrai:

1. fare esercizi collegati al capitolo
2. mettere in pratica subito i concetti espressi e assimilare al meglio le informazioni che ti ho mostrato
3. vedere i video di approfondimento.

L'esercizio di questa sezione è quello di pensare a come implementare il sistema di referral marketing della tua attività.

Ti aspetto nella sezione online! :-)

5.11. Fase n. 9 – Analisi delle KPI: capire cosa e come migliorare un funnel

«Quello che può essere misurato, può essere gestito».

Peter Drucker

La fase di analisi KPI all'interno delle 9 fasi dei funnel di marketing

La fase n. 9 è la fase finale del processo, dove vengono analizzati i risultati e valutati i potenziali miglioramenti e permette di CAPIRE veramente cosa va e cosa non va... e cosa poter fare.
Noi italiani non amiamo le analisi (e io sono tra questi!) ma con il tempo e l'esperienza ho notato quanto questa fase sia importante per ragionare su dati concreti e non sulle "percezioni emozionali".

L'obiettivo è di ottenere 2 macro benefici, che sono quelli di:

- ottimizzare i profitti
- ridurre il tempo di lavoro e lo stress.

Di base l'analisi in fase di post funnel ha tre obiettivi:

1. capire cosa è in programma
2. capire cosa NON è in programma
3. spostare il focus sulle azioni correttive per ottenere il massimo possibile sugli investimenti fatti.

Per capire dove intervenire, l'unica cosa che puoi fare è capire dove vuoi andare e se la strada che hai intrapreso è quella giusta. Se devi andare in una destinazione che non conosci, senza il navigatore o un'attenta analisi della mappa, il rischio di "perderti", stressarti e spendere di più in carburante è davvero dietro l'angolo.

Un classico esempio è quello della rotta che tiene un aereo. Durante la "navigazione", l'obiettivo del pilota è quello di aggiustare la rotta, con piccole correzioni, per farsi sì che l'aereo segui la traccia definita e programmata per arrivare a destinazione.

Bene! Non applicare questa fase di analisi è come decidere di "navigare a vista"!

QUANDO FARE L'ANALISI?

Ai nostri clienti e partner suggeriamo, almeno una volta al mese, di analizzare il mese appena passato.
Noi di Lead Generation Italia, ad esempio, mettiamo in plan l'analisi delle **KPI** entro il 7 del mese per analizzare quello appena finito.

COSA SONO LE KPI

L'acronimo KPI sta per ***Key Performance Indicator*** (ovvero indicatori chiave di performance) e sono i dati importanti che servono per monitorare e comprendere l'andamento del nostro funnel, strategia, campagna, ecc.
Immagina il cruscotto della tua macchina. Sarebbe inutile e caotico monitorare ogni singolo dato dell'auto, no?!

Le KPI hanno due scopi fondamentali:

1. realizzare la traccia previsionale per capire che risultati si potrebbero ottenere
2. paragonare i risultati reali con quelli previsionali e vedere dove e su cosa intervenire.

COSA ANALIZZARE ATTRAVERSO LE KPI?

Ogni tipologia di business potrebbe avere le proprie KPI di analisi, ma di base c'è UN solo dato che DEVI aver presente, ovvero il ritorno sull'investimento che hai ottenuto su un determinato canale di traffico o strategia di marketing.
Alla fine quello che conta sono le VENDITE e i PROFITTI!

Ovviamente occorre valutare altri dati, come il numero di lead, il costo per lead, ecc. ma alla fine ciò che è importante è trovare il modo di misurare cosa vende meglio e cosa no.
Qui ti mostro 3 macro elementi che potresti misurare per capire al meglio come ottimizzare i tuoi investimenti e strategie in modo tale da ottenere i maggiori profitti:

A. **ANALISI DEI FEEDBACK REALI OTTENUTI**
B. **ANALISI DELLE KPI TECNICHE**
C. **ANALISI DEL MESSAGGIO.**

5.11.1. L'analisi dei feedback reali ottenuti (dei clienti e potenziali clienti)

Questa è l'analisi più frequente e si basa sui feedback ottenuti dalle persone che provengono da una campagna di web marketing.
Ci si serve di questa tipologia se si ha la possibilità di parlare con le persone/clienti (email, telefono, incontro) e si cerca di "percepire" l'andamento delle proprie campagne attraverso il loro feedback.
Molto spesso è l'unica tipologia di analisi che un imprenditore e professionista fa per misurare l'andamento della propria campagna.

A mio avviso, l'analisi dei feedback è utile, dato che arrivano feedback da parte diretta o di commerciali su cosa concretamente giunge nella testa del potenziale cliente.
D'altra parte però, costruire le campagne solo su alcuni feedback, potrebbe essere incompleto e molto rischioso, dato che si basa sulla "propria percezione" e non su dati concreti.

5.11.2. L'analisi delle KPI tecniche

Questa è la vera e propria analisi su dati certi (belli o brutti che siano) ed è basata su elementi definiti.
Ogni business o campagna potrebbe avere le sue KPI da analizzare e vista la varietà di business dei lettori di questo libro, ti mostrerò una analisi di KPI che utilizziamo in formazione con il programma StartUp Marketing e che puoi vedere in figura.

		Previsione		
STEP		PESSIMISTA	MEDIO	OTTIMISTA
	Budget campagna	€300,00	€300,00	€300,00
ANNUNCIO (fb-adw)	Visualizzazioni annuncio	80.000	80.000	80.000
	Click su annuncio	700	1.500	1.900
	Costo per Click (CPC)	€0,43	€0,20	€0,16
	Conversione % (CTR)	0,88%	1,88%	2,38%
OPT-IN (ClickFunnels)	Numero leads generati	130	300	400
	Costo per lead (CPL)	€2,31	€1,00	€0,75
	Conversione %	19%	20%	21%
RICHIESTA (ClickFunnels)	Numero Richieste generate	9	25	30
	Costo per Richiesta (CPR)	€33,33	€12,00	€10,00
	Conversione %	7%	8%	8%
PREVENTIVO (offline)	Numero Preventivi / App.ti	4	10	20
	Costo per Preventivo	€75,00	€30,00	€15,00
	Conversione %	44%	40%	67%
VENDITA (offline)	Numero Vendite generate	0	1	3
	Ricavo vendita singola	€600,00	€600,00	€600,00
	Costo per Vendita - Sale (CPS)	#DIV/0!	€300,00	€100,00
	Conversione %	0%	10%	15%
TOTALI CAMPAGNA	Totale Costi	€ 300,00	€ 300,00	€ 300,00
	Totale Vendite	€ 0,00	€ 600,00	€ 1.800,00
	Ricavo per Click (EPC)	€ 0,00	€ 0,40	€ 0,95
	Profitto campagna	-€300,00	€300,00	€1.500,00
	ROI	-100,00%	100,00%	500,00%
	Leads	130	300	400

Tabella di analisi KPI

In questa tabella informativa, ti mostro alcune delle KPI che analizziamo per le nostre campagne.
La parte in alto a destra è la previsione di ciò che potrebbe accadere con uno **scenario negativo, medio e positivo**. A fianco a tali opzioni vi saranno le sezioni libere da compilare mese per mese.
Sulla colonna di sinistra vediamo i dati che vogliamo monitorare in base a 5 diversi step:

- annuncio
- opt in (list building)
- richiesta (lead generation)
- preventivo
- vendita
- totale campagna.

Ogni step comprende un insieme di dati che ci permettono di verificare l'andamento generale di ogni fase e valutare se è in linea con il progetto o meno.
Ti ribadisco che il **dato** che più di tutti devi tenere in considerazione è quello delle **vendite finali** o delle lead (se il tuo business è basato su vendite al telefono), abbinate magari a una linea telefonica dedicata per campagna in modo da capire cosa produce più lead (telefonate) e vendite.
Ora ti mostro tutti i dati in modo che tu possa estrapolare solo quelli che realmente servono al controllo del tuo business.

5.11.3. Le tipologie di KPI

KPI TRAFFICO è composta da:

- *budget di investimento*: quanto investi per ogni campagna pubblicitaria
- *visualizzazioni annuncio*: quante volte il tuo annuncio è stato visualizzato

- *clic sull'annuncio*: quante persone hanno cliccato sull'annuncio e quindi visitato la tua pagina di destinazione
- *costo per clic*: (o costo per visita) è ottenuto da budget investimento/clic sull'annuncio
- *CTR annuncio*: la percentuale ottenuta da visualizzazioni annuncio/clic sull'annuncio. È un dato utile poiché misura quanto l'annuncio attiri l'attenzione dell'utente.

ANNUNCIO (fb-adw)	Visualizzazioni annuncio	80.000	80.000	80.000
	Click su annuncio	700	1.500	1.900
	Costo per Click (CPC)	€0,43	€0,20	€0,16
	Conversione % (CTR)	0,88%	1,88%	2,38%

La parte di analisi dell'annuncio nella tabella di analisi KPI

KPI OPTIN, utile per misurare la creazione della tua lista, è composta da:

- *numero lead generati*: quante email hai acquisito
- *costo per lead (CPL)*: ottenuto dal costo di investimento pubblicitario/numero delle lead
- *conversione %*: la percentuale ottenuta da visite sulla pagina/numero delle lead. Più è alta, più email (quindi persone!) hai dentro il tuo funnel.

OPT-IN (ClickFunnels)	Numero leads generati	130	300	400
	Costo per lead (CPL)	€2,31	€1,00	€0,75
	Conversione %	19%	20%	21%

La parte di analisi dell'optin page nella tabella di analisi KPI

KPI RICHIESTA (lead generation), ovvero coloro che hanno visto la tua offerta o la/le tue pagine di "valore" e ti contattano per parlare con un commerciale. In questo caso dividiamo la lead come "richiesta" rispetto alla lead come "optin email":

- *numero richieste ricevute*: coloro che compilano un form o ti mandano un'email dopo che hanno visto qualche contenuto del tuo funnel
- *costo per richiesta (CPR)*: ottenuto da costo pubblicitario/numero di richieste ricevute

- *conversione:* ottenuto da numero lead generati/numero richieste ricevute. Per assurdo un funnel super efficace trasformerebbe tutte le email in richieste (100%).

RICHIESTA (ClickFunnels)	Numero Richieste generate	9	25	30
	Costo per Richiesta (CPR)	€33,33	€12,00	€10,00
	Conversione %	7%	8%	8%

La parte di analisi della richiesta nella tabella di analisi KPI

KPI PREVENTIVO è il dato ottenuto dai preventivi inviati o dagli appuntamenti fissati dopo che il commerciale ha parlato con la "richiesta":

- *numero preventivi/appuntamenti*
- *costo per preventivo*: ottenuto da costo pubblicitario/numero di preventivi inviati o appuntamenti fissati
- *conversione*: ottenuto da numero richieste ricevute/numero preventivi inviati o appuntamenti fissati.

PREVENTIVO (offline)	Numero Preventivi / App.ti	4	10	20
	Costo per Preventivo	€75,00	€30,00	€15,00
	Conversione %	44%	40%	67%

La parte di analisi del preventivo nella tabella di analisi KPI

KPI VENDITA sono i dati delle vendite effettuate:

- *numero vendite generate*
- *ricavo ogni singola vendita*: il valore del profitto della singola vendita
- *costo per vendita*: ottenuto dal budget pubblicitario/numero di vendite
- *conversione %*: ottenuto dal numero di preventivi/numero di vendite.

VENDITA (offline)	Numero Vendite generate	0	1	3
	Ricavo vendita singola	€600,00	€600,00	€600,00
	Costo per Vendita - Sale (CPS)	#DIV/0!	€300,00	€100,00
	Conversione %	0%	10%	15%

La parte di analisi della vendita nella tabella di analisi KPI

KPI CAMPAGNA sono dati generali come:

- *totale costi*: i costi sostenuti per la pubblicità o in altri casi spesa variabili
- *totale vendite*: numero di vendite effettuate
- *ricavo per clic* (EPC): è un dato interessante da estrapolare e ti permette di capire il tuo guadagno o la tua perdita per ogni clic che porti verso il tuo funnel e lo ottieni con il guadagno totale/numero di clic
- *profitto campagna*: è ottenuto da costi – ricavi
- ROI *(ritorno dell'investimento)*: ottenuto da profitto campagna/totale costi × 100
- *lead*: è uno dei "valori" acquisiti come asset dato che sono entrati nel tuo funnel e potrebbero convertire in vendita o richiesta.

TOTALI CAMPAGNA	Totale Costi	€ 300,00	€ 300,00	€ 300,00
	Totale Vendite	€ 0,00	€ 600,00	€ 1.800,00
	Ricavo per Click (EPC)	€ 0,00	€ 0,40	€ 0,95
	Profitto campagna	-€300,00	€300,00	€1.500,00
	ROI	-100,00%	100,00%	500,00%
	Leads	130	300	400

La parte di analisi totale della campagna nella tabella di analisi KPI

Per alcuni business, per esempio, abbiamo anche la KPI sul prodotto di front end, middle end e back end, quindi molto dipende da cosa occorre analizzare nel TUO di business.

Ci sono strumenti online che misurano il ROI sulle diverse campagne e anche i vari "passaggi" e azioni che gli utenti, una volta entrati nel tuo funnel, compiono durante il processo.

Alcuni di questi sono:

- WICKEDREPORTS.COM
- CONVERSIONFLY.COM

5.11.4. L'analisi delle KPI del messaggio

L'analisi KPI del messaggio tramite i grafici di visualizzazione e fidelizzazione del video su YouTube

Sono alcune misure che ti mostrano se il messaggio è apprezzato dalla tua audience o meno.
Si potrebbero guardare tanti dati ma visto che voglio essere semplice ti invito a monitorare questi quattro fattori:

1. numero di visualizzazioni del tuo video
2. indice di fidelizzazione del video, ovvero quando il tuo video fidelizza (quindi viene visto) dal pubblico
3. indice di apertura delle email
4. indice di clic dalla email alla pagina di destinazione.

Se dovessi vedere che uno o più di questi indici sono bassi rispetto ad altri, è bene indagare e valutare di cambiare il messaggio o copy delle email.

Come vedi, incrociare i dati che ottieni dalle 3 diverse tipologie di KPI ti permette di avere una visione d'insieme molto più concreta e veritiera rispetto alla percezione che spesso ci condiziona nelle scelte di una strategia o funnel rispetto a un'altra.
Solo in questo modo potrai focalizzare la tua attenzione sulla fase o step che meno funziona e ottimizzare così il tuo funnel.

Ora che abbiamo visto le 9 fasi, dovresti avere un'idea più chiara della strategia d'insieme che lega uno o più funnel e gli elementi che lo compongono.

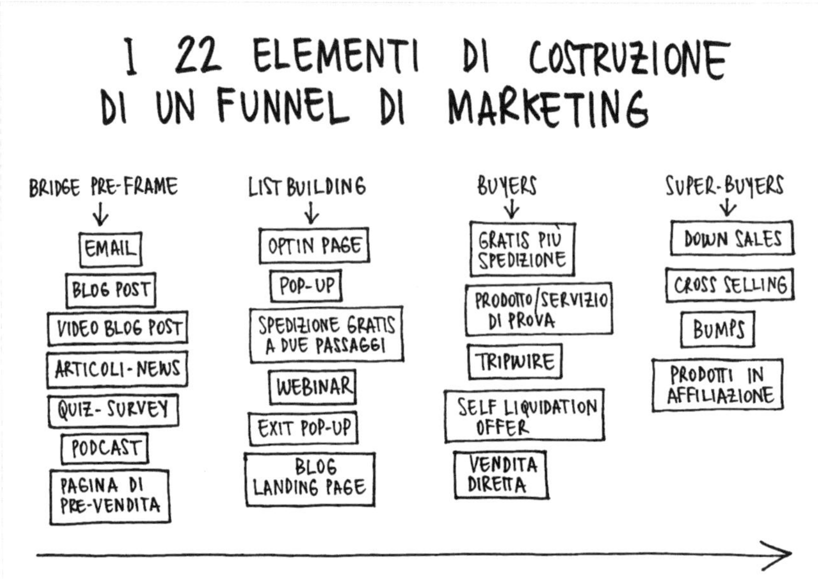

Elenco degli elementi che puoi utilizzare per comporre i funnel di marketing

Come hai visto in precedenza, NESSUNO ti può garantire che il funnel che farai avrà successo, ma il fatto di analizzare i punti deboli di ogni aspetto aiuta a ridurre il rischio di fallimento o errore.
Vi è però un aspetto che con il tempo abbiamo notato essere l'ingrediente chiave per il successo o meno di un funnel, ovvero il messaggio di marketing che arriva al tuo potenziale cliente.

Nel segreto n. 3 vedremo quelle che sono diventate un nostro "marchio di fabbrica": le BIG5 che ci aiuteranno a creare un messaggio efficace nel funnel.

UN MINUTO DI RIPASSO

In questo capitolo abbiamo imparato i seguenti concetti:

- **cosa sono le KPI** e perché sono così importanti
- quando **fissare l'appuntamento** con te stesso o il tuo team per fare l'analisi del KPI
- quali sono gli **elementi** che potresti analizzare per avere il controllo della tua attività
- quali sono le **tipologie di KPI** da prendere in esame.

PASSA ALL'AZIONE!

Arrivato a questo punto ti consiglio di fare una pausa nella lettura e andare nella sezione aggiornata di supporto al libro:

FunnelMarketingFormula.it/risorse

In 10-15 minuti potrai:

1. fare esercizi collegati al capitolo
2. mettere in pratica subito i concetti espressi e assimilare al meglio le informazioni che ti ho mostrato
3. vedere i video di approfondimento.

L'esercizio di questa sezione è quello di creare gli indici chiave (KPI) del tuo business che ti possano far conoscere, in modo periodico, l'andamento della tua attività.

Ti aspetto nella sezione online! :-)

C-O-M-P-L-I-M-E-N-T-I!!
Davvero!

Come ti dicevo all'inizio, questo è un capitolo lungo e impegnativo. Poteva essere un libro solo lui (!) ma se sei arrivato fin qui dovresti avere sviluppato la tua mappa per creare una strategia di insieme efficace.

Ora siamo pronti per l'ultimo segreto: come sviluppare un funnel di successo con i BIG5!

I BIG5 sono un nostro "marchio di fabbrica" che applichiamo per ridurre il rischio di fallimento di un funnel ed è un capitolo molto importante che ti aiuterà a lavorare su quel 20% "invisibile" (il messaggio) rispetto all'80% che è la parte tecnica.

6. Segreto n. 3: Scopri i 5 elementi fondamentali (che il 97% dei marketer non utilizza) per creare un funnel di successo

«Il meglio che possiamo fare è cogliere le opportunità, calcolare i rischi connessi, stimare la nostra abilità di gestirli, e fare i nostri progetti con fiducia».

Henry Ford

«Con il tempo scoprirai, ci son cose che mai potrai capire... Qualche volta un tuo progetto che sembrava perfetto può non riuscire».

Il Re Leone (cartone animato)

6.1. I 5 motivi che causano il fallimento di un funnel

Screenshot del numero di funnel realizzati nel 2016 da Lead Generation Italia

Solo nel 2016 abbiamo realizzato più di 125 funnel (praticamente uno ogni 3 giorni) e, se dobbiamo essere onesti, non tutti hanno prodotto i risultati che ci aspettavamo.
In questo segreto n. 3 voglio condividere con te le principali ragioni per cui alcuni funnel e strategie hanno disatteso le aspettative, in modo da poter evitare sprechi di tempo e soldi.
Ora che hai più consapevolezza del funnelling, avrai capito quanto sia più difficile dover vendere online o ricevere una richiesta di contatto, rispetto a ciò che ci fanno credere coloro che devono vendere i loro siti o corsi.
Spesso lo stesso imprenditore o professionista non ha le idee chiare su come far crescere o lanciare il proprio business, e dalle analisi che abbiamo fatto su ciò che NON ha funzionato, spesso abbiamo riscontrato le stesse principali cause:

1. mancanza di un posizionamento chiaro
2. mancanza di una strategia d'insieme solida e chiara
3. mancanza di un messaggio chiaro e attrattivo
4. messaggi di marketing fatti a caso senza uno schema
5. mancanza di un'offerta efficace.

Se hai fatto caso, non ho scritto nulla sui funnel, o sulle pagine o

sui video o email, proprio perché il problema non è nella costruzione del "palazzo" (il funnel o la strategia) ma nelle "fondamenta" (tipologia di comunicazione).
Il funnel e la strategia di marketing completa sono come un palazzo che piano dopo piano viene costruito per essere il più alto e solido possibile.
Il problema è che se il palazzo non ha fondamenta profonde e solide, il rischio che crolli tutto è veramente alto.
Per questo, quando assistiamo un cliente per lo sviluppo del suo business, il primo passo che compiamo è lo step dei **BIG5**.

6.2. Le 5 soluzioni per ridurre il rischio

I BIG5 sono l'analisi di cinque aspetti che sono parte delle fondamenta di ciò che poi verrà costruito e sono:

1. **IL POSIZIONAMENTO**
2. **LA STRATEGIA**
3. **LA BIG IDEA**
4. **LO STORYBOARD DI MARKETING**
5. **L'OFFERTA DI VENDITA.**

Rappresentazione completa dei Big5

6.2.1. Posizionamento

«Se non sai dove stai andando, probabilmente arriverai altrove».

Anonimo

Il primo aspetto dei BIG5 che non può mancare nel processo di sviluppo funnel è il **POSIZIONAMENTO**.
In teoria, dovrebbe essere un elemento che l'imprenditore o il professionista dovrebbe aver già identificato per il proprio business, ma spesso non lo è, quindi, prima di impostare il funnel o la strategia, partiamo da qui.

Il posizionamento

Grazie al **POSIZIONAMENTO** un prodotto trova collocazione nella mente del potenziale consumatore, fornendo un vantaggio che si differenzia da quelli offerti da altri prodotti o servizi della stessa categoria. Tramite il posizionamento si definiranno sia il prodotto che le altre variabili del marketing. In pratica è alla base di tutto il processo di marketing (inclusa la strategia) e di ogni azione aziendale.

Il posizionamento in sintesi è la tipologia di messaggio che ti permette di "entrare nella testa" dei tuoi potenziali clienti e che influisce sulle strategie e argomenti di marketing successivi.
Se comunichi per tutti in realtà stai comunicando per NESSUNO!

Il posizionamento è uno dei macro argomenti del marketing e richiederebbe un libro o un corso dedicato. Non è la nostra specializzazione, ma la nostra formazione e applicazione sui funnel ci ha obbligato a prenderne consapevolezza.
Esercizi pratici e format hanno aiutano noi e i nostri clienti a identificare il proprio posizionamento.

Per rimanere sul mercato negli anni '70 la base era avere il prodotto. Negli anni '80 oltre al prodotto occorreva dare una base di servizi. Negli anni '90 l'orientamento al cliente diventava sempre più importante dato che molti mercati iniziavano a saturarsi.

Oggi il posizionamento è orientato alla concorrenza, nel senso che prima occorre studiare la concorrenza per capirne le differenze, analizzare gli angoli di debolezza e marcare le differenze per creare un posizionamento, che sia rilevante per la propria nicchia di mercato.
Se non sei TU il leader di mercato, non puoi "imitarlo" (prassi molto comune nel mercato italiano: si pensa che se funziona per loro, potrebbe funzionare per noi!) ma anzi DEVI comunicare in modo diametralmente opposto evidenziando le debolezze del tuo competitor e marcando i benefici nello scegliere te rispetto al concorrente.

Come vedi, quello che puoi dire è conseguente a quello che la concorrenza ti permette di dire!

Il problema è che se non sei tu a "guidare" la comunicazione della tua attività per entrare nella testa delle persone, lo farà in modo indiretto il mercato per te (o del tuo prodotto o servizio).

Come farlo? Devi utilizzare la comunicazione relativa ovvero abbinare CHI SEI e COSA FAI *rispetto* a QUALCUNO o QUALCOSA.

Utilizzare il "buono", "bello", "qualità" in senso generico non ha alcun valore se non li applichi rispetto a qualcuno o qualcosa.

In modo molto sintetico devi mettere il tuo potenziale cliente davanti a 3 tipi di scenario:

1. cosa succede se fai questa cosa con me (comprando il mio prodotto o servizio)
2. cosa succede se fai questa cosa con la concorrenza (comprando il loro prodotto o servizio)
3. cosa succede se non agisci, rimanendo nel tuo problema o se non fai questa cosa (con nessuno).

Ti consiglio di fare subito questo esercizio per identificare in modo veloce il tuo posizionamento. Se non riesci a farlo sappi che hai un problema serio!

Ora ti condivido il posizionamento scelto per Lead Generation Italia in merito al funnel:

"SCOPRI IL SISTEMA PER GENERARE NUOVI CLIENTI E VENDERE (PRATICAMENTE!) OGNI COSA ATTRAVERSO I FUNNEL DI MARKETING"

Qui sotto c'è il testo che segue le 3 domande precedenti:

1. **la 1° società in Italia specializzata (e certificata) sui funnel di marketing**, i sistemi misurabili che aiutano *imprenditori* e *professionisti* ad **acquisire clienti, vendere praticamente ogni cosa** e **differenziarsi dalla concorrenza**
2. **rispetto alle web company o società di marketing generiche che sviluppano la sola "presenza online passiva"**, noi ti accompagniamo in un percorso che ha come obiettivo quello di creare una "macchina attiva", che possa convertire **ogni singolo euro di investimento pubblicitario in un risultato certo e misurabile**
3. un'azienda che non applica il marketing diretto attraverso i funnel rischia di avere **3 grandi problemi**:
   a. non avere un sistema misurabile e ottimizzabile per generare nuovi clienti o aumentare le vendite

b. non avere un sistema per comunicare il valore dei propri prodotti/servizi che la differenzi dalla concorrenza e quindi ricadere nella guerra dei prezzi
c. perdere tempo e soldi in strategie di marketing inefficaci.

Ora che hai visto questa tipologia di schema a 3 blocchi, ti invito qui sotto a compilare la tua!
Fallo... ti sarà utile!

1. Cosa succede se fai questa cosa con me (comprando il mio prodotto o servizio)

   ....

   ....

   ....

   ....

   ....

2. Cosa succede se fai questa cosa con la concorrenza (comprando il loro prodotto o servizio)

   ....

   ....

   ....

   ....

   ....

3. Cosa succede se non agisci, rimanendo nel tuo problema o se non fai questa cosa

   ....

   ....

   ....

   ....

   ....

6.2.2. Strategia

La strategia è la visione d'insieme dell'intero progetto della scala dei valori nella quale si vanno a sviluppare uno o più funnel. L'argomento della scala dei valori è già stato trattato e non mi stancherò mai di sottolinearne l'importanza per capire i vari passaggi che un potenziale cliente deve percorrere fino al momento in cui acquista.

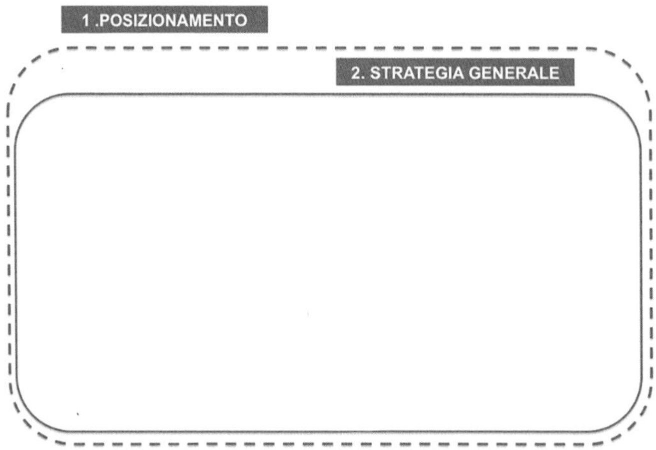

Posizionamento e strategia generale

Molti imprenditori non hanno le idee chiare sulla propria strategia, oppure hanno *strategie Frankenstein* composte da pezzi di un marketer mischiati a pezzi di un altro.

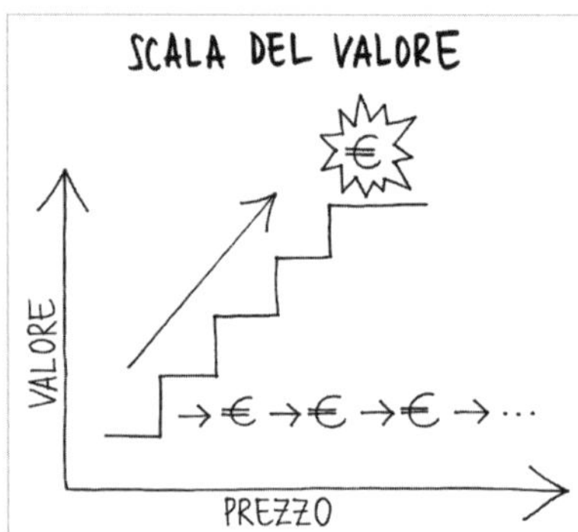

Prima ancora di partire con qualsiasi funnel, devi progettare i vari scalini da sviluppare per portare le persone da un punto A al B, dal B al C e così via.

Abbiamo già trattato l'argomento *scala dei valori e funnel in 9 fasi* nei due precedenti segreti, quindi non starò a dilungarmi, ma ti invito a sviluppare qui sotto quella che potrebbe essere la tua scala dei valori per capire come trasformare i tuoi utenti in clienti e offrire loro sempre più valore con altri prodotti o servizi.

6.2.3. Big Idea

La Big Idea (la grande idea) è un concetto che ho appreso da **TOD BROWN** e rappresenta la tipologia di comunicazione per la quale si vuole promuovere il funnel.
Da non confondere con la tipologia di promozione del prodotto/servizio che si vuole vendere, dato che la Big Idea è il "taglio" comunicativo del funnel di marketing (che porterà alla vendita il prodotto/servizio).

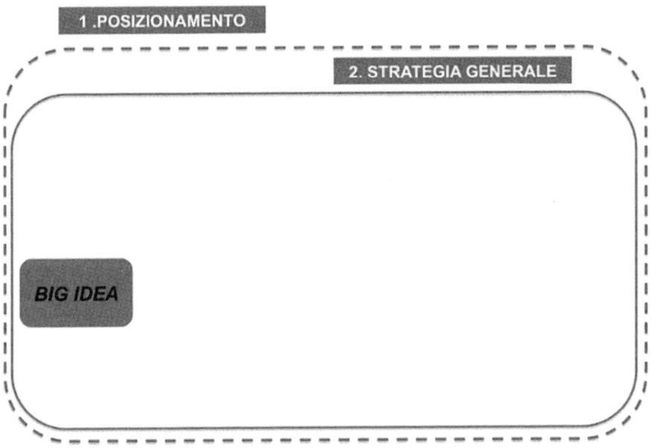

Posizionamento, strategia generale e Big Idea

L'importanza della Big Idea in un funnel è data da 4 fattori:

1. OGNI STRATEGIA DI MARKETING È BASATA SU UN'IDEA O CONCETTO

Come abbiamo visto nella fase di studio del posizionamento, la tipologia di prodotto o servizio diventa di secondaria importanza rispetto a un'idea o concetto da conseguire.
"Geox la scarpa che respira" e "Dove c'è Barilla c'è casa" sono idee di marketing.

2. LE PERSONE SONO BOMBARDATE DA MESSAGGI PUBBLICITARI

Siamo immersi in una quotidianità nella quale si ricevono centinaia di pubblicità al giorno, il "rumore" della pubblicità è sempre più caotico e meno efficace.

3. IL LIVELLO DI CONSAPEVOLEZZA DELLE PERSONE RENDE IL MESSAGGIO DI MARKETING SEMPRE PIÙ SOFISTICATO

In base al concetto della "marketing sophistication", occorre tarare il messaggio di marketing in modo da renderlo sempre più attrattivo ed efficace rispetto al livello di consapevolezza del mercato. Basandoci sul livello di sofistificazione del tuo potenziale cliente è fondamentale pertanto mettere a punto il messaggio seguendo uno schema composto da 5 fasi che puoi vedere in figura:

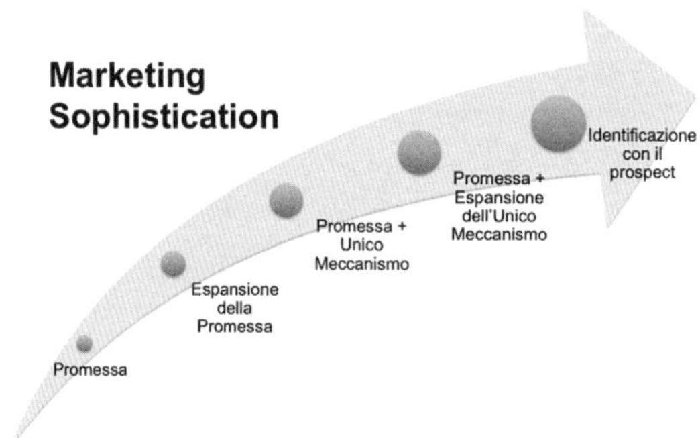

Marketing sophistication

4. SE NON ATTIRI L'ATTENZIONE DEL TUO POTENZIALE CLIENTE, TUTTO IL RESTO DEL FUNNEL È VANO

C'è poco da aggiungere.

Per questo occorre una Big Idea, ovvero il "taglio" del messaggio che si desidera utilizzare per attirare l'attenzione al giusto prospect.

Ti mostro qualche esempio di Big Idea...

Hai mai visto qualche libro che tratta l'argomento di come guadagnare online?
Questi libri e titoli, così comunicati, sono stra-inflazionati e non attirano più di tanto.

Tim Ferriss ha avuto una Big Idea su come trattare l'argomento del guadagnare con il web con un "taglio" diverso dal comune facendo leva sul fatto che è possibile creare un business online e lavorare solo "4 ore a settimana".[7]
Gli argomenti affrontati, in linea di massima, sono gli stessi di coloro che mostrano "come fare per guadagnare online", ma è il taglio della comunicazione che è completamente diverso.
I risultati sono quelli di aver generato un profitto di oltre 20 milioni di dollari!

P.S. Se non l'hai già fatto, ti invito a leggerlo!

COME IDENTIFICARE UNA BIG IDEA?

In linea di massima deve rispettare diversi criteri come essere:

- una grande idea (non un mix di idee mediocri)
- una promessa credibile di trasformazione
- esclusiva: originale e diversa da ciò che si vede comunemente
- messaggio nuovo, unico e fresco (familiarità genera disinteresse)
- specifica e tangibile
- capace di catturare l'attenzione e sorprendere
- non complicata e facile da capire al volo.

La metodologia che utilizziamo noi è quella di buttar giù un'idea e, in brainstorming, lavorarci finché non arriviamo a rispondere a queste 5 domande:

[7] Timothy Ferris, *4 ore alla settimana*, Cairo Editore, 2008

- cattura l'attenzione?
- è una promessa/trasformazione credibile?
- è un messaggio originale e fresco?
- è un messaggio specifico?
- ha un unico meccanismo?

Ti mostro un esempio di Big Idea che abbiamo identificato per vendere un corso di Facebook e funnel.
La concorrenza era davvero tanta e forte, quindi dovevamo puntare sulla Big Idea per differenziarci.
Se avessimo comunicato in questo modo "comune":

"Scopri come generare nuovi clienti e vendite con Facebook"

molto probabilmente ci saremmo allineati a decine di corsi o professionisti che si erano già posizionati prima di noi e quindi saremmo stati in svantaggio competitivo.
Quindi? Troviamo una Big Idea che rispetti le caratteristiche precedenti:

*"Chi altro vuole sapere come abbiamo generato (da zero!) **103.721€ in un anno** con il sistema **Facebook Funnel**, e aiutato decine di professionisti e imprenditori ad acquisire un vantaggio competitivo in diversi mercati? **GARANTITO 100%"***

Stesso corso, Big Idea differente, non trovi?!
Vediamo se risponde alle 5 domande:

Catturare l'attenzione? Sicuramente più di quella base.
È **una promessa/trasformazione credibile?** Sì, dato che la cifra è in linea con il mercato italiano ed è un percorso che abbiamo fatto e lo insegniamo passo passo.
È **un messaggio originale e fresco?** Forse non è il più innovativo... ma ci siamo accontentati.
È **un messaggio specifico?** Sì! Parliamo di cifre, tempo, target definiti.

Ha unico meccanismo? Sì perché parliamo di Facebook Funnel® e dato che il nostro vero posizionamento è sui funnel (e non su Facebook), era importante avere un meccanismo che si integrasse con il posizionamento.

Trovare una Big Idea NON è semplice ma il consiglio che ti posso dare è quello di fare un brainstorming con il tuo team e buttar giù diverse idee che portino a quell'unica soluzione che risponda alla seguente checklist:

- cattura l'attenzione?
- è una promessa/trasformazione credibile?
- è un messaggio originale e fresco?
- è un messaggio specifico?
- ha un unico meccanismo?

....

....

....

....

....

....

....

....

Se l'idea trovata risponde a queste 5 domande, allora sei sulla strada giusta!

6.2.4. Storyboard di marketing

Da quando abbiamo deciso di specializzarci nel *funnelling*, abbiamo scoperto che una delle difficoltà più comuni di imprenditori e professionisti è quella di non sapere *cosa e come scrivere il testo delle pagine, delle email e dei video dei vari funnel.*

Per questo, nell'arco del tempo, abbiamo sviluppato un sistema di lavoro, che abbiamo chiamato *Storyboard di Marketing* che guida l'imprenditore o il professionista a far emergere cosa scrivere nei contenuti per il funnel e nei contenuti successivi, nella fase di lead nurturing per il blog o email.

Posizionamento, strategia generale, Big Idea e marketing storyboard

Abbiamo detto in precedenza che un funnel è composto da:

- 75% marketing
- 25% vendita.

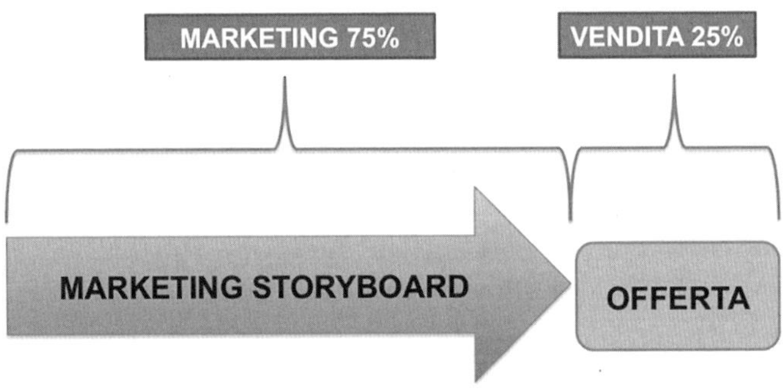

Marketing storyboard e offerta come percentuali in un funnel di marketing

Lo scopo del funnel di marketing, ovviamente, è quello di portare un utente, che ha dimostrato un certo interesse nell'argomento

trattato, a capire e desiderare il prodotto/servizio che vogliamo vendere.
Come facciamo? Attraverso i contenuti educativi che la persona riceve e che la portano a CREDERE che il prodotto o servizio è ciò che stava cercando.
Questa serie di informazioni educative sono gli elementi che compongono il funnel!

Quindi la domanda chiave che occorre fare PRIMA di sviluppare OGNI funnel è:

"Cosa deve CREDERE l'utente per portarlo a scegliere il nostro prodotto/servizio e scegliere noi rispetto alla concorrenza?"

Cosa deve credere una persona che ancora non conosce noi e il nostro prodotto/servizio, per fargli scattare nella testa "Aaaaah! Ecco ciò che cercavo!!"

Il "percorso" che la persona fa per arrivare a quel clic è lo **STORYBOARD DI MARKETING** (ovvero i contenuti), mentre il "clic" lo abbiamo chiamato **MOMENTO AHA.**

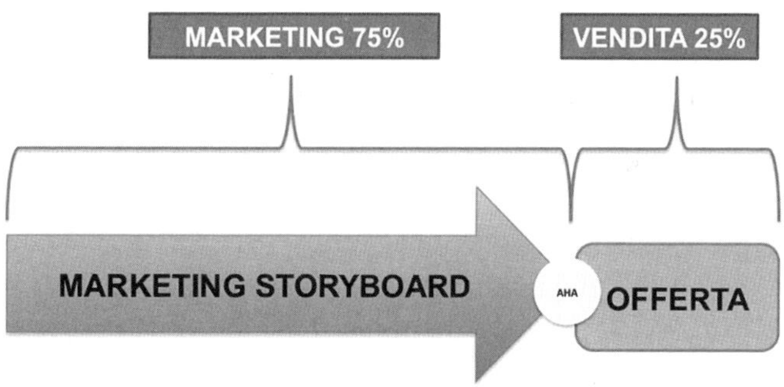

Marketing storyboard e offerta con il momento "aha"

Il **MOMENTO AHA** è quel momento nel quale il potenziale cliente CAPISCE che la soluzione (prodotto o servizio) che abbiamo proposto è ciò che fa per lui.

Ho voluto chiamarlo *momento AHA* perché è quel clic che scatta nella mente della persona quando capisce che sei (tu o il tuo prodotto/servizio) la soluzione che cercava e si dice "Aaah ecco quello che cercavo!" o "Aaah ecco la soluzione che volevo!".
Ti sarà successo decine di volte di "decidere" che quel prodotto/servizio è ciò che faceva per te.
Per arrivare lì hai dovuto compiere il tuo "processo" fatto di ricerche, paragoni, informazioni, referenze, ecc.

Nella maggior parte delle strategie che abbiamo sviluppato il momento AHA è di due tipi:

1. *portare la persona sulla pagina dell'acquisto*
2. *portare la persona a compilare il form della pagina di contatto* per parlare con un commerciale o chiedere informazioni (lead generation).

Non abbiamo ancora venduto... ma *la fase di marketing, se porta la persona al momento AHA, ha compiuto il suo dovere preparandola al meglio per compiere l'acquisto.*
Portare una persona al momento AHA significa aver compiuto 2/3 della vendita, perché abbiamo trasformato l'utente da freddo a caldo.
Per arrivare al momento AHA, la persona compie un percorso composto da informazioni e formazioni, che l'hanno portata a CREDERE che il prodotto o servizio da noi proposto è ciò che stava cercando.

Facciamo un esempio: ipotizziamo che vorresti vendere un "Corso di Facebook per business offline".
La prima cosa per capire quale strategia sia adatta per il tuo caso è fare un elenco delle "credenze" che la persona dovrebbe avere.
In questo caso del corso di Facebook per business offline un potenziale elenco è:

- deve credere che il web possa essere un canale efficace per acquisire clienti

- deve credere che il web possa portare le persone dall'online all'offline
- deve credere che il traffico a pagamento sia meglio di quello organico
- deve credere che tra i canali a pagamento Facebook sia quello più efficace
- deve credere che il corso possa essere alla portata di tutti anche per chi non è esperto di marketing
- deve credere che imparando il corso aumenterà il numero dei suoi clienti
- ecc.

Come vedi non ho mai parlato del corso di Facebook (prodotto/servizio), ma solo di ciò che DEVE CREDERE la persona per arrivare al suo momento AHA.

Tutte queste "credenze" sono le **TESI** e l'insieme delle tesi che porta la persona al suo momento AHA, sono gli elementi di comunicazione che compongono il tuo funnel!
Rispondendo alle tesi, non farai altro che comporre lo storyboard.

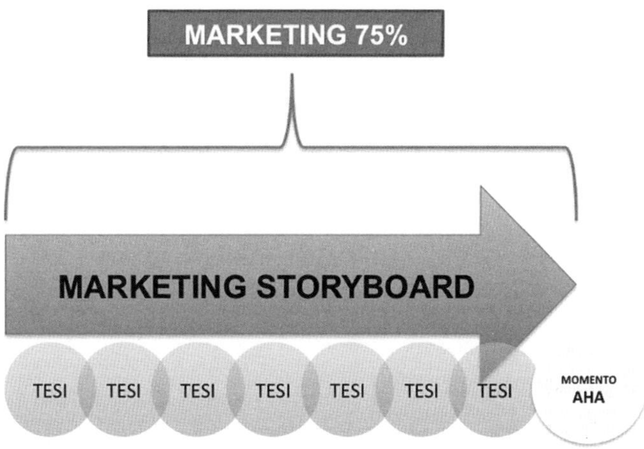

Marketing storyboard e momento "aha" come punto di arrivo

Il concetto è lo stesso per un avvocato che deve difendere il suo cliente imputato per un'accusa.
Non può andare dal giudice e dire: "Il mio cliente è innocente!".
PRIMA deve dimostrare con delle TESI che il suo cliente non ha compiuto il delitto per cui viene accusato.

Quindi dovrà far portare la giuria a CREDERE un insieme di TESI:

- dovrà far credere che l'imputato il giorno del delitto era in un altro posto
- dovrà far credere che il dna trovato era dovuto all'incontro in un momento diverso che quello del delitto
- dovrà credere che l'arma del delitto non è quella dichiarata dall'accusa
- ecc.

Alla fine di queste tesi, l'avvocato potrà dire:
"Per tutte queste tesi, sostengo che il mio cliente NON sia il colpevole!"

Se le tesi sono ben sostenute e smontano l'accusa, la giuria arriva al suo momento AHA nel quale capisce che non è colpevole.
Lo stesso processo avviene nello sviluppo della strategia di marketing per vendere un prodotto/servizio.
Non puoi andare da un potenziale cliente e dirgli:
"Compra il mio prodotto o servizio perché è ciò che fa per te!"

PRIMA devi capire cosa dovrebbe CREDERE e fornire delle risposte per far arrivare la persona al suo momento AHA.

Il funnel sarà composto da un insieme di elementi e messaggi (storyboard di marketing) che porteranno l'utente a capire il valore del servizio/prodotto da proporre.

Il funnel parte dalla fine!

Come hai visto il momento finale del processo di marketing è il PUNTO DI PARTENZA per lo sviluppo di ogni funnel.

Molti colleghi o web company partono dall'inizio e non dalla fine. Iniziano dal decidere quante pagine occorrono, o se fare video o pdf, o quante email in automazione si invieranno e se il funnel lo vuoi blu, rosso o giallo...

SBAGLIATO!

Per questo ci sono in giro tanti funnel che non portano risultati.
Se si sbaglia il messaggio, si sbaglia tutto ciò che comprende il funnel.
È un po' come costruire un palazzo.
Non puoi partire subito con il primo piano!
Prima devi scavare! E più solida sarà la base del tuo edificio più piani potrai costruire.

6.2.5. *Offerta*

Siamo arrivati all'ultimo aspetto di fondamentale importanza per il successo o meno di un funnel di marketing: l'offerta.
Solo questo aspetto potrebbe raddoppiare o triplicare gli indici di conversione per vendita di un prodotto o servizio.

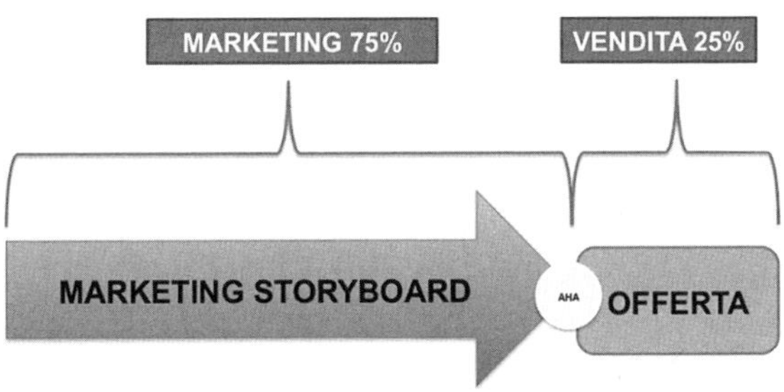

Marketing storyboard e offerta con il momento "AHA"

LE PERSONE NON COMPRANO PRODOTTI O SERVIZI... COMPRANO OFFERTE!

Fai caso ai colossi del marketing (Amazon, Netflix, Sky, Vodafone, ecc.), parlano sempre di offerte!

Quindi focalizza la tua vendita NON sul prodotto o servizio ma sull'OFFERTA che puoi fare.
Ci vorrebbe un intero libro anche su questo aspetto ma dato che è uno dei BIG5 da analizzare per il successo del tuo funnel, ti fornirò i 2 aspetti più importanti, ovvero:

1. **COME DEVE ESSERE LA TUA OFFERTA**
2. **QUALI ELEMENTI NON POSSONO MANCARE.**

COME DEVE ESSERE LA TUA OFFERTA
La tua offerta deve essere:

- superiore
- irresistibile.

SUPERIORE alle altre offerte del mercato significa che deve essere superiore a tutti gli altri competitor, che sono coloro che possono dare una soluzione al problema del tuo utente tramite il loro prodotto/servizio.
Per esserlo devi studiare l'offerta della concorrenza diretta e indiretta.
Es.: i chiropratici non hanno come competitor solo altri chiropratici ma TUTTI coloro che risolvono problemi di schiena (massaggiatori, fisioterapisti, dottori, pilates, ecc.).
La tua offerta deve essere superiore a tutti.

IRRESISTIBILE significa che porti il tuo utente a pensare che "sarei uno stupido se non l'acquistassi!" o "Cosa c'è di negativo? Nulla!".
Il valore deve essere talmente alto da non poter dire di no!

Spesso l'offerta potrebbe triplicare e raddoppiare le entrate del tuo business quindi lavora sulle offerte!! Non sul prodotto o servizio.
Elementi che non possono mancare:

- *valorizza la trasformazione:* evidenzia il prima e il dopo che la tua soluzione offre al potenziale cliente
- *per chi è e per chi non è:* marca la differenza tra per chi è utile e per chi non lo è

- *cosa ricevono:* mostra cosa i clienti ricevono in dettaglio (più cose e meglio)
- *prezzo:* banalizza il prezzo (es.: 1 caffè al giorno)
- *condizioni:* illustra le condizioni o dilazioni di pagamento
- *premi e bonus:* focalizzati su ciò che serve al cliente come elemento di valore per il tuo cliente. Se non hai nulla, estrai qualche elemento dall'offerta e mettilo nei bonus
- *eliminazione del rischio:* solleva il potenziale cliente dai rischi (es.: garanzia soddisfatto o rimborsato)
- *ragione per rispondere ora:* devi dare un elemento che obblighi il tuo cliente a dare una risposta subito con urgenza e scarsità
- il countdown è un messaggio di *urgenza*
- *la scarsità* genera urgenza... ed è più potente!
- valorizza la trasformazione che l'offerta farà avere con il tuo servizio o prodotto.

Ricorda che le persone sono mosse dalle emozioni e in questa ultima fase rimarca il beneficio principe che offri e come trasformerai la sua vita con il tuo prodotto o servizio.

Con la parte dell'offerta si chiude questo capitolo dove abbiamo visto il segreto n. 3: identificare al meglio i BIG5 ti aiuterà a progettare e sviluppare i tuoi funnel di successo.

Ora sei un vero e proprio funnel marketer! :-)
A questo punto, hai messo insieme tutte le conoscenze base per creare la tua strategia e funnel di successo.

Ora manca un aspetto importante che è lo **strumento.**
In ogni professione, gli attrezzi del mestiere facilitano il lavoro.
Se sei un ottimo idraulico ma non ha gli strumenti... puoi far poco!

Il prossimo capitolo ti parlerà proprio di questo!
Avanti tutta!

UN MINUTO DI RIPASSO

In questo capitolo abbiamo imparato i seguenti concetti:

- perché OGNI funnel o strategia ha il suo indice di **fallimento** e come ridurre il rischio
- cosa sono i **BIG5** e come analizzare ognuno di essi:
  1. **il posizionamento**
  2. **la strategia**
  3. **la big idea**
  4. **lo storyboard di marketing**
  5. **l'offerta di vendita.**

PASSA ALL'AZIONE!

Arrivato a questo punto ti consiglio di fare una pausa nella lettura e andare nella sezione aggiornata di supporto al libro:

FunnelMarketingFormula.it/risorse

In 10-15 minuti potrai:

1. fare esercizi collegati al capitolo
2. mettere in pratica subito i concetti espressi e assimilare al meglio le informazioni che ti ho mostrato
3. vedere i video di approfondimento.

L'esercizio di questa sezione è quello di analizzare i tuoi BIG5 per creare il sistema che permetta un messaggio efficace del tuo funnel.

Ti aspetto nella sezione online! :-)

7. Lo strumento

«Non aspettare; non sarà mai il tempo opportuno. Inizia ovunque ti trovi, con qualsiasi mezzo tu puoi avere a tua disposizione; mezzi migliori li troverai lungo il cammino».

Napoleon Hill

Questo capitolo è molto importante perché tratteremo uno degli aspetti che più frena (o perlomeno mette in difficoltà) le persone quando devono mettere in pratica le informazioni che hanno ricevuto.
Non hai idea di quante persone si fermino nel momento di AGIRE! Hanno acquisito l'80% del processo. Mancherebbe solo quel 20% per capire quale strumento e come utilizzarlo per mettere in pratica ciò che hanno imparato... ma si fermano per il "blocco tecnologico"!

Per evitare che possa capitare anche a te, ti invito a prestare attenzione a questo breve capitolo perché ti darò la ricetta pronta: tu dovrai "solo" sporcarti le mani con gli ingredienti.

Devi sapere che fino a qualche anno fa mettere in piedi un funnel era piuttosto complicato.
Occorrevano diverse persone e competenze per poter creare e unire l'insieme degli elementi che lo compongono, come le pagine web, le automazioni delle email, il copy, la programmazione dei form, ecc.
Sviluppare UN funnel (ripeto UNO!) poteva costare migliaia di euro!

Sicuramente hai acquisito il concetto che un funnel è uno strumento "dinamico", dove occorre analizzare e ottimizzare in modo costante.

Una pagina di FunnelPro.it

Beh... immagina lo stesso processo qualche anno fa, quando chi voleva sviluppare un funnel avrebbe dovuto investire 10-20 volte in più in costi (e tempi!) rispetto a ciò che potresti sostenere ora! Fortunatamente adesso esistono software dal costo contenuto che fanno gran parte del lavoro.
Uno di questi strumenti è ClickFunnels[8] che:

- *non richiede nessuna competenza tecnica* o di programmazione
- permette di *vendere fin da subito* i tuoi prodotti (o servizi) online
- consente di realizzare il tuo funnel *in poco tempo.*

7.1. L'importanza di un unico strumento

Se fai marketing da un po', sai bene che occorrono diversi strumenti di lavoro per mettere in pratica strategie e tattiche.
Spesso, però, ognuno di loro ha un costo (annuale o mensile) e non sono compatibili.
Un funnel, invece, è un processo composto da diversi elementi che DEVONO essere connessi tra loro.
Con ClickFunnels hai tutto insieme, sotto un unico account: realizzazione pagine web per opt-in, landing page e sito

- automazioni delle email in autorisponditore
- hosting pagine web
- software split test
- processo di pagamento
- sequenza in connessione di pagine
- realizzazione di membership
- realizzazione di affiliation marketing
- ecc.

[8] Se vuoi scoprire di più su ClickFunnels e la community italiana vai su FunnelPro.it

Come ti accennavo prima, alcune persone si fermano al blocco tecnologico, ma questo software è pensato per chiunque voglia sviluppare un funnel, con la stessa semplicità di scrivere una pagina in word.
Non è solo per "marketer", ma per coloro che, senza diventar matti tra tanti strumenti, vogliono iniziare a vendere online.
A spiegartene le potenzialità **ALESSANDRO BENTIVOGLIO**, mio socio del business legato alla formazione e sviluppo sui funnel.
Alessandro è il primo *ClickFunnels Certified Partner* italiano.
È colui che, con una pazienza disarmante, mette in pratica le *mie pazze idee* e gestisce il team dei funnel coach di Lead Generation Italia.
Molto probabilmente è la persona più esperta su come mettere in pratica un funnel a livello tecnico in Italia.

Alessandro Bentivoglio mostra l'attestato "ClickFunnels Certified Partner" ricevuto nell'ottobre 2016

Alessandro Bentivoglio

UN UNICO STRUMENTO PER IL TUO BUSINESS: come realizzare "in pratica" la tua strategia di marketing online anche se non sei un esperto di web marketing

Uno dei principali ostacoli di chiunque voglia realizzare una strategia di marketing per promuovere, vendere e consegnare i propri prodotti online è la scelta dei software e degli strumenti da utilizzare.

Sembra che le uniche persone che riescono a realizzare una strategia di marketing di successo in autonomia siano proprio quelle che lo fanno di mestiere.
Infatti, se facciamo una ricerca, possiamo vedere che i migliori funnel e le migliori strategie online sono stati realizzati da professionisti, consulenti o formatori in ambito web e marketing.

Nonostante i loro funnel e strategie siano sistemi funzionanti e apparentemente ben strutturati, ad oggi vedo ancora in giro professionisti e consulenti (anche famosi) che fanno fatica a stare dietro ai loro stessi sistemi di marketing.
Se andiamo ad analizzarli nei dettagli, infatti, possiamo vedere che molti risultano incompleti. Per esempio alcuni non hanno un sistema automatico di email che riconosce le varie azioni compiute dagli utenti; altri hanno un sistema di pagamento che non gestisce in automatico la consegna dei prodotti digitali acquistati, costringendo a compiere azioni manuali per gestire i vari acquisti e potrei continuare...

Allora mi chiedo: è possibile che ancora oggi non esistano strumenti per automatizzare le nostre attività di vendita online e che sia così complicato mettere in piedi un sistema collegando tra di loro tutto ciò di cui abbiamo bisogno?!

Prima di rispondere a questa domanda vediamo cosa serve per realizzare una strategia online di successo, che sia per la promozione o vendita di prodotti o servizi:

- hosting: un server per rendere disponibili le tue pagine o sito web online
- software per la creazione di landing page e pagine di vendita
- sistema di pagamento sicuro
- sistema per la gestione dei contatti
- software per l'invio di email e di email automatizzate
- split testing software
- analisi e statistiche
- survey o quiz
- sistema per webinar
- gestione affiliazioni
- sistema per distribuire i corsi digitali e proteggerli
- CMS per realizzare il sito web
- un grafico
- un programmatore per mettere tutto in connessione
- un webmaster per la gestione e l'aggiornamento del sistema
- tanto altro ancora...

Come puoi facilmente capire, la necessità di tutti questi elementi non semplifica affatto le cose e, soprattutto, non aiuta chi si approccia per la prima volta a realizzare strategie online. Senza considerare che ognuno di questi strumenti può costare da 1€ fino a 500€ al mese.

E allora come possiamo fare noi comuni mortali?
Beh... ho una buona notizia per te! Ma prima lascia che ti racconti una storia.

All'inizio io e Michele lavoravamo proprio così: per creare le nostre strategie e quelle dei clienti che si affidavano a noi, prendevamo tutti gli strumenti necessari e li mettevamo insieme per creare una strategia unica e completa.
Grazie alla mia esperienza in ambito informatico, non avevamo bisogno di risorse esterne. Nonostante questo, però, ci rendevamo conto che realizzare tutto il sistema portava via una quantità di tempo enorme e ingiustificata, aumentando di conseguenza anche i costi di gestione.
Avevamo dei grandi obiettivi di crescita, ma eravamo arrivati ad un punto dove non potevamo più crescere se non facendo un grande investimento in nuove risorse.

Nella nostra continua ricerca e volontà di miglioramento ci siamo imbattuti in uno strumento che si vantava di essere l'unico che raggruppava tutto quello che serviva per una strategia online.
La cosa ci ha incuriosito e, nonostante non ci fossero molte persone ad utilizzarlo ancora in Italia, abbiamo preso la palla al balzo e iniziato a testarlo.
In pochi giorni ci siamo resi conto che quello di cui si vantava era vero! Quasi non ci credevamo... potevamo realizzare una strategia completa senza bisogno di strumenti esterni. E questo avrebbe ridotto tantissimo tempi e costi di realizzazione permettendoci così di espanderci più velocemente dando comunque un prodotto finale di altissima qualità.
Per me è stata una vera e propria rivoluzione, nel mio lavoro e nel mercato in cui mi trovo.

Ed è proprio questa la risposta alla domanda: "E allora come possiamo fare noi comuni mortali?".

ClickFunnels è lo strumento che abbiamo scoperto e che è stato fondamentale nello sviluppo del nostro lavoro.
Per questo ho deciso di condividerlo con più persone possibili: sulla base della mia esperienza, è la soluzione per permettere a chiunque di realizzare la propria strategia di marketing in meno tempo e senza bisogno di diventare degli esperti di web marketing.

Facciamo un esempio e ipotizziamo che tu voglia creare un funnel per generare contatti commerciali interessati al tuo prodotto e pronti a saperne di più, che potrai ricontattare per chiudere in vendita.

Supponiamo che la tua strategia sia di raccogliere l'indirizzo email di persone interessate a migliorare la loro vista e la tua soluzione sia la vendita e applicazione di lenti a contatto. Non tutti conoscono la tua soluzione e quindi devi spiegare loro che esiste una soluzione al loro problema e che tu gliela puoi fornire.

Per prima cosa vogliamo raccogliere l'indirizzo email di chi è interessato all'argomento (optin) in modo da potergli inviare delle email in automatico che gli parleranno della soluzione. Inoltre inserendo l'email potranno accedere ad un video (valore) dove gli spiegherai come risolvere al meglio il loro problema con tutti i vantaggi possibili.
Infine se troveranno interessante la tua soluzione potranno compilare un modulo per essere ricontattati che gli darà diritto ad una prima visita gratuita (offerta).
Se non dovessero aver tempo di guardare il video in quel momento oppure non hanno una buona connessione gli invierai delle email in automatico (follow-up) per ricordargli del video e della tua soluzione/offerta.

Per riepilogare, ecco quello che ti serve:

- un funnel composto da 3 pagine (optin, pagina contenente il video e thank you page)
- un action funnel (sequenza di email automatizzate) che viene attivato in automatico nel momento in cui un utente fa optin.

Ho fatto l'esempio più semplice di cui sicuramente ogni business ha bisogno per iniziare e grazie allo strumento giusto potrai localizzarti sull'analisi dei tuoi risultati e non sugli aspetti tecnici.

Con ClickFunnels potrai chiaramente fare molto di più, ma la caratteristica principale di questo strumento è la semplicità.

Ecco un esempio di come puoi leggere le statistiche e analizzare i tassi di conversione in ClickFunnels per ogni singolo step del tuo funnel ed in questo caso vediamo una pagina optin:

Se i tuoi tassi di conversione di una optin sono al di sopra del 20/25% li possiamo definire buoni e quindi significa che questo step sta funzionando bene, se invece i tuoi tassi di conversione non sono buoni (sotto il 10/15%) allora dovrai intervenire per migliorarli.

8. Conclusioni

«Preferirei vivere rimpiangendo di aver fallito,
piuttosto che rimpiangere di non averci mai provato».

M.J. Del Marco

«Solo chi dorme non fa errori».

Ingvar Kamprad (fondatore di IKEA)

WOW!
Probabilmente, a questo punto del libro, ti sentirai confuso... e direi che è più che normale visti i tanti contenuti che hai appreso.
Considera che hai appena fatto una *full immersion* di un corso ad alto livello di internet marketing e la confusione che puoi avere in testa è più che logica.
La cosa bella, però, è che il tuo inconscio inizierà a lavorare in "automatico" e molti concetti che hai imparato torneranno nel momento più opportuno.

Quando mi trovo confuso, al termine di un corso o libro, la tecnica che utilizzo è quella di sintetizzare i concetti appresi in schemi che mi aiutano a ri-pensare ai concetti.

Nella pagina **FunnelMarketingFormula.it/risorse** troverai tante risorse per fare questo.

Rileggere questo libro ti darà l'opportunità di avere già la visione d'insieme e poter questa volta, passo a passo, mettere in pratica i vari passaggi ed esercizi.
Quindi? Da dove parto? Quello che ti suggerisco di fare come primi step sono i seguenti:

1. decidi a chi vuoi rivolgere i tuoi prodotti e servizi. Chi è il tuo cliente ideale
2. crea la tua esca e non fare l'errore di volerla subito perfetta. Non perdere troppo tempo, falla e la ottimizzerei nel tempo
3. progetta la tua scala dei valori per avere almeno 3 prodotti/ servizi di vendita (front, middle e back end)
4. sviluppa i tuoi funnel più indicati per ogni step.

Ricordati che questo libro non è stato pensato per una sola "semplice" lettura, ma come un vero e proprio manuale da consultare tutte le volte che occorre, per avere idee e spunti sulla propria campagna di marketing online.

Se sei arrivato fin qui significa che hai davvero la giuste motivazioni per sviluppare un progetto e una strategia di marketing efficaci e l'unica vera grande raccomandazione è quella di AGIRE!
Ricordati! Le strade non hanno sempre il semaforo verde, quindi le "musate" e i fallimenti che potrai incontrare durante il tuo percorso sono la normalità assoluta.
Se vuoi fare una maratona, devi avere un programma e la motivazione di metterlo in pratica.
Se vuoi dimagrire, devi avere un programma e metterlo in pratica.
Se vuoi costruire un sistema di marketing efficace, devi avere un programma e metterlo in pratica.
Quello che voglio farti capire è che non ci sono scorciatoie. Dovrai studiare, uscire dalla tua zona di comfort e metterti a lavorare.

Ultimo aspetto.

Uno degli aspetti meravigliosi della Maratona di New York (alla quale ho partecipato nel 2014) è lo spirito di incoraggiamento tra i vari corridori: è qualcosa di incredibile!
Tra questi, la frase che mi è stata rivolta e più di tutte mi è rimasta impressa è:

"Enjoy every mile of your race!"
(Goditi ogni miglio della tua gara)

Non posso far altro che augurare lo stesso anche te...

Qualora tu voglia rimanere in contatto con me o il mio team, potrai venirci a trovare su:

WWW.FUNNELMARKETINGFORMULA.IT
WWW.LEADGENERATIONITALIA.COM
WWW.MICHELETAMPIERI.IT

«Quello che conta non è la volontà di vincere: quella ce l'hanno tutti. Ciò che conta è la volontà di prepararsi a vincere».

Paul Bryant

BONUS
Contributo speciale

Questo capitolo bonus è pensato per coloro che utilizzeranno i funnel per fare lead generation e acquisizione di contatti con "target business".
Come abbiamo visto il funnel è la fase di CONVERSIONE, ma se su di esso non arriva traffico di qualità, non genererà risultati interessanti.
Tra i vari canali di traffico, LinkedIn adotta dinamiche diverse dagli altri (come ad esempio Facebook Ads o Google Ads) e per questo ho coinvolto Mirko per farti vedere come utilizzare LinkedIn applicato ad un funnel.

Mirko Saini

FARE LEAD GENERATION CON LINKEDIN

Prima di parlare di come fare lead generation su LinkedIn è necessario fare alcune precisazioni per non rischiare di far confusione e ancor peggio incappare in errori strategici:

- LinkedIn è un social pensato prettamente per fare B2B. Se il tuo settore non rientra in questa macro categoria non dico che ti sarà impossibile generare contatti ma sicuramente non ti troverai in un ambiente idoneo
- LinkedIn è la massima espressione del concetto di H2H (*Human to Human*) postulato da Bryan Kramer nel suo libro, quindi è necessario metterci la faccia, operare con il tuo profilo personale.

Detto questo già puoi capire come prima di iniziare a fare lead generation sia necessario su LinkedIn pensare a costruire e pianificare due fasi antecedenti:

1. la costruzione della tua reputazione su questo social, dalla quale dipenderà l'esito di ogni azione
2. la costruzione di relazioni con i tuoi potenziali contatti. Per dirla in una sola parola: networking.

Scordati quindi di riuscire su LinkedIn ad impostare un qualsiasi automatismo che ti permetta di creare un flusso continuo di lead.

So già cosa stai pensando a questo punto: "Ma Mirko, cosa ci sto a fare su LinkedIn se il mio scopo è creare strategie di lead generation e mi stai dicendo che qui tutto ciò è molto complicato? Perché dovrei investire il mio tempo su questo social?"

Bene, domande legittime che a cui vado subito a rispondere. Inizio col dirti che per alcuni ambiti (consulenza e come detto B2B in generale) questo è sicuramente il miglior luogo dove "metter su casa" e strutturare una presenza organica, organizzata e pensata per fare lead generation.

In LinkedIn un contenuto è in grado di generare un numero 4 volte superiore di visite rispetto a quello generato da Twitter o da Facebook e un tasso di conversione visit-to-lead anch'esso 4 volte superiore.
Perché questo? Semplice, perché l'abito fa il monaco o come avrebbe detto il buon MacLuan "il messaggio (e aggiungo io la sua credibilità) sta nel medium". Il solo fatto di trattare determinati argomenti su LinkedIn rispetto al farlo in altri social ti permette di vestire il tuo contenuto e quindi la tua persona con quell'alone di professionalità (a patto poi che il tuo contenuto lo sia realmente, ovvio) necessario a generare i giusti frutti.

Seconda questione: un contatto, un lead generato osservando il metodo del Know-Like-Trust (fatti conoscere, piaci al tuo pubblico, conquista la sua fiducia) è notoriamente in grado di procurare maggior fatturato. Un lead che si fida di te sarà maggiormente propenso ad investire una cifra maggiore nell'acquisto del tuo prodotto, del tuo servizio o della tua consulenza come professionista.
Per fare questo devi, come dicevo poc'anzi, osservare alcuni passaggi prima di fare quella che è vera e propria lead generation.

Questi sono i passi (perdonami l'estrema sintesi):

1. costruisci un'identità digitale su questo social che ti rappresenti e che faccia comprendere al tuo potenziale lead che hai la professionalità e la giusta soluzione ad un suo problema specifico
2. costruisci la tua reputazione. Come? Attraverso contenuti che aiutino i tuoi potenziali lead a risolvere concretamente problemi, contenuti che contengano soluzioni. Fai vedere che tu ne sai
3. costruisci una rete contatti in target utilizzando la Ricerca avanzata e frequentando i gruppi seguiti dai tuoi potenziali lead.

Fatto questo veniamo a come costruire la tua "macchina" per fare lead generation.

Profilo – Summary (Riepilogo)

Premessa: se non lo sapevi ti dico subito che il tuo profilo LinkedIn è ciò che userà chi non ti conosce di persona per farsi un'idea di te. Come lo costruirai (le sezioni scelte), quale foto sceglierai, cosa ci scriverai (a cominciare dal job Title) andrà pesantemente ad impattare sulla tua strategia di lead generation. Non curare il profilo è un po' come non preoccuparsi di uscire di casa al mattino in ciabatte e pigiama e sperare che le persone incontrate per strada ti riconoscano credibilità e professionalità.

Detto questo, come fare ad utilizzare il profilo per creare lead?

Usando saggiamente il Riepilogo/Summary. Considera il Riepilogo, che ti informo subito essere l'unica cosa che verrà letta del tuo profilo, come fosse una landing page dove il prodotto da vendere è la tua professionalità, le tue competenze.
Non essere quindi autoreferenziale, ragiona in termini di "valore offerto", ponendo come punto focale le necessità del tuo potenziale lead.
E visto che parliamo di landing page, cosa ha una landing page costruita con tutti i crismi del caso? Una call to action efficace. Ecco! Inseriscila a fine Riepilogo. Se è il caso (e te lo consiglio) utilizza la sezione "Inserisci allegati" in calce al riepilogo per inserire un link. Potrai utilizzarlo per proporre l'iscrizione ad una newsletter, downloadare un ebook. Tutti strumenti adatti per fare della classica lead generation.

Richiesta di contatto

Lo so cosa stai pensando: nessuno personalizza le richieste di contatto. Te lo confermo. Personalmente ne ricevo tra le 60 e le 70 a settimana e quelle accompagnate da un messaggio personalizzato sono poco più del 5%. Sono certo che questo dato è fortemente "drogato" dal fatto che, sapendo che cosa faccio nella vita, le persone hanno quel briciolo di scrupolo con me che sicuramente non hanno con tutti gli altri.
Detto questo il fatto che tutti non lo facciano non deve essere una scusante ma un'opportunità per distinguersi dalla massa e cominciare da subito a fare networking.

E indovina un po' cosa possiamo inserire nel messaggio?

Un bel link ad un ebook che, oltre a dare valore, ti permetta da subito di accrescere la tua reputazione e allo stesso tempo ti consenta di fare lead generation.

PS. Non tutti leggono il messaggio di accompagnamento e oltretutto una volta accettata la richiesta non ne rimane traccia come testo InMail con l'impossibilità quindi di rileggere tale messaggio.

Ti posso quindi suggerire di testare queste due strategie:

1. fai lead generation a cominciare dal messaggio di accompagnamento come ti ho descritto sopra
2. invia un messaggio interlocutorio come messaggio di accompagnamento e poi una volta accettata la richiesta inviane un secondo più esteso dove ringrazi per aver accettato la tua Richiesta di contatto e dove inserirai la tua CTA.

Entrambi i metodi possono essere validi. A te la decisione, dopo averli testati, di utilizzare quello più efficace considerando il mercato e la nicchia in cui ti muovi.

Risposta a richiesta di contatto

Se sarai così bravo nel creare valore per il tuo pubblico vedrai che una buona fetta di contatti in LinkedIn ti arriverà senza che tu vada a fare loro una richiesta. È il normale risultato di una strategia improntata sull'inbound marketing.
La Richiesta di contatto fatta da un potenziale lead interessato ai tuoi contenuti ha chiaramente un valore ben più alto rispetto a quelle che fai tu. Credo non debba spiegarti il perché.
Se pochi hanno l'abitudine di personalizzare la richiesta di contatto, rarissimi sono quelli che si prendono il "disturbo" di inviare un messaggio in risposta ad una richiesta. E se ci pensi bene è uno spreco enorme. Hai ricevuto una richiesta di contatto da una persona che presumibilmente è interessata a ciò che fai, ai tuoi contenuti. Per definizione potrei dirti quindi che è un potenziale lead caldo. Non sfruttare questa situazione per inserirlo nel tuo funnel è un vero insulto agli dei del marketing.

Long post in Pulse

I long post di Pulse sono il miglior modo per fare content marketing e accrescere la tua reputazione all'interno di questo ambiente digitale. Sono fondamentali per approcciarsi alla terza delle tre fasi viste prima (know-like-trust). Qui ti chiedo di fare un atto di fede verso questa mia affermazione, dovrei dilungarmi troppo nel descrivere perché strategicamente lo sono molto di più di un semplice update di un link che porta al tuo blog.

Inutile sottolineare inoltre come i contenuti sono il miglior modo per fare marketing e quindi per attirare potenziali lead perfettamente profilati e interessati.

Come utilizzare i long post di Pulse per fare lead?

Alla fine di ogni contenuto completo (tengo a sottolineare l'aggettivo COMPLETO) scritto in Pulse che ti permette di generare reputation attraverso la risoluzione di dubbi o problemi al tuo pubblico, inserisci la tua CTA (es.: iscrizione a newsletter, link a landing page per download ebook).

Così facendo otterrai tre piccioni con una fava:

1. accrescerai la tua reputation
2. avrai un contenuto che se condiviso o commentato allargherà il tuo pubblico
3. avrai lead di qualità.

Sponsored InMail

Cosa sono? Una tipologia di adv LinkedIn attraverso le sponsored InMail ci dà la possibilità di inviare un messaggio in posta (InMail) ad un target profilato. Lo strumento permette di inviare il messaggio quando il potenziale lead si collega a LinkedIn. Questo permette di ottimizzare i risultati. A differenza di una classica DEM il tasso di apertura di un messaggio InMail inviato su LinkedIn è infinitamente superiore perché decisamente meno inflazionato come strumento. Ognuno di noi apre un messaggio se riceve una notifica su un qualsiasi social.

Però, di tutti i metodi per generare lead di cui ti ho parlato, questo è senz'altro quello da utilizzare con cautela e solo dopo che il tuo percorso (know-like-trust) è giunto alla fine della terza fase. Perché, come amo ripetere, l'esito di un'azione non è determinato dalla qualità dell'azione in sé ma da tutto ciò che hai fatto prima, dalla tua reputazione in sostanza.

Se hai una buona reputation allora otterrai delle ottime performance nella tua campagna adv con gli sponsored InMail. Se invece sei nuovo della piattaforma e quindi la tua reputation non è così forte allora la tua campagna, visti i costi a clic o in CPM di LinkedIn, potrebbe trasformarsi in un vero e proprio bagno di sangue.

Michele Tampieri

È un imprenditore e consulente che sviluppa i propri business con il marketing online e con le persone.
È il fondatore di Lead Generation Italia Srl (formazione e sviluppo Funnel) con la quale ha aiutato decine di imprenditori e professionisti in oltre 20 mercati diversi e lanciato numerosi brand online (StartUp Marketing, Animatori Claps, M&C Mascotte, Funnel di Marketing, BusinessTRIBE, ecc.).
Negli ultimi 2 anni ha pubblicato più di 200 video su YouTube con un seguito di oltre 7.000 persone tra follower e lista email.
Nel 2016, con Alessandro Bentivoglio, ha vinto il premio come "Best Funnel Strategy" presso la ClickFunnels Consultant a Boise (USA) ed è organizzatore di Funnel Marketing LIVE, il 1° evento in Italia specifico sulle strategie di marketing (www.FunnelMarketingLIVE.com)

Seguimi su:

WWW.FUNNELMARKETINGFORMULA.IT
WWW.LEADGENERATIONITALIA.COM
WWW.MICHELETAMPIERI.IT

Facebook: **micheletampieri**
LinkedIn: **micheletampieri**

VOLUMI PUBBLICATI NELLA COLLANA

ANTONI A. > Trova la tua identità su Instagram e condividi foto uniche
ARRIGONI G. > Email marketing: acquisisci clienti e aumenta le tue vendite
BABUDRO P. > Manuale di scrittura digitale creativa e consapevole: un nuovo metodo per utilizzare i tuoi contenuti su Web e social
BANDIERA R. > Le 42 leggi universali del digital carisma
BANDIERA R. > Rischi e opportunità del Web 3.0 e delle tecnologie che lo compongono
BARGHIGIANI A. > Trasforma WordPress per l'Inbound Marketing
BELLINI L. > Come usare LinkedIn per il tuo business
BELTRAMI A. > Come vendere con il blog aziendale
BELTRAMI A. > Sfrutta i contenuti, genera nuovi clienti e fai Content Marketing
BELTRAMI A. – MAZZUCCHELLI L. > SNAPCHAT: come utilizzare l'app social del momento
BORGHI S. > Vademecum SEO: guida 100% pratica dai primi passi al posizionamento
BOVE L. - POLLIOTTO N. > Ingredienti di Digital Marketing per la ristorazione
CHIERICATO E. > Lead Generation: Ottieni nuovi contatti e trasformali in clienti fidelizzati
CIRACÌ D. > Gestisci blog, social e SEO con il Content Marketing
CONTI L. > Traguardi: cambia vita con sport e social
DI BIASI I. > Link Building: aumenta l'autorevolezza del tuo sito e scala le vette dei motori di ricerca
ESPOSITO R. > Etno blogging per tribù digitali: trasforma il tuo pubblico in una community
ESPOSITO R. > Fare blogging: il mio metodo per scrivere contenuti vincenti
FABRIZIO P. > La rivoluzione del Social Customer Service
GENTILI V. > Strategie e tattiche di Facebook Marketing per aziende e professionisti
GIUFFRÈ R. > Cambia testa e potenzia la tua azienda con la cultura digitale
GRASSO G. – MARRAZZO F. > Political Digital Strategy: come fare campagna elettorale online
GULIZIA S. > iProduttivo: metodi e app per vivere e lavorare con iPhone e iPad
LISI G. > Loveting! 127 archetipi per il management olistico
MARES R. > Mamma posso spiegarti: lavoro nel web
MARGHERITA F. > Manuale di SEO Gardening
MATTEUZZI J. > Inbound Marketing: le nuove regole dell'era digitale
MAZZÙ A. > Il primo manuale operativo per consulenti di Web Marketing
MONDO F. – LA SPESA V. > Programmare una web radio con i PAL Script
MONDO F. > Creare e gestire una web radio professionale
MOTISI B. > Interceptor marketing
PAGLIAI C. – TONTINI G. > Web Marketing per le professioni dell'edilizia
PEPE S. > Investire Bitcoin
PERNICE A. > Manuale per aspiranti blogger: crea emozioni con lo storytelling
POGLIANI M. > Influencer Marketing: valorizza le relazioni e dai voce al tuo brand
ROMEO G. > Trova lavoro con il Web
RUSSO S. > Scopri Google Plus e conquista il Web
SALETTI A. > Neuromarketing e scienze cognitive per vendere di più sul Web
SAVINO N. > Conosci e proteggi la tua sicurezza informatica
SCANDELLARI R. > Afferma la tua identità con il Net Branding
SCANDELLARI R. > Fai di te stesso un brand: Personal Branding e reputazione online
SCANDELLARI R. > Promuovi te stesso: crea il tuo Personal Branding con una comunicazione mirata e vincente
SCHIANCHI P. > Webcreativity: creatività e Visual Marketing post-Web
SILVESTRINI C. > Manuale del perfetto web designer con Joomla!®
SORCHIOTTI T. – PRUNESTI A. > #Selfie: la cultura dell'autoscatto come forma di racconto e appartenenza
SORDI P. > Bloggo con WordPress dunque sono
SQUILLACE M. > Startup di successo che hanno fatto il web in Italia
VANIN L. > Public Speaking Online: parla al tuo pubblico nel Web
WARWICK K. > Intelligenza Artificiale - Le basi
ZACCONE E. > Social Media Monitoring: dalle conversazioni alla strategia

Se vuoi ricevere eventuali aggiornamenti su questo libro
o su titoli correlati, ti consiglio di iscriverti alla mailing list.
È sempre meglio tenerci in contatto!